Denkschrift

zu dem Entwurf einer

Grundbuchordnung

Reichstagsvorlage.

Berlin SW48.
Wilhelmstraße 119/120.
J. Guttentag, Verlagsbuchhandlung.
1897.

Inhaltsverzeichniß.

Denkschrift.

Einleitung.

Bedürfniß für eine Grundbuchordnung.

Das Liegenschaftsrecht des Bürgerlichen Gesetzbuchs setzt die Einrichtung von Grundbüchern voraus. Es tritt daher zufolge Art. 189 des Einführungsgesetzes zum Bürgerlichen Gesetzbuche der Hauptsache nach erst in Kraft, wenn das Grundbuch als angelegt anzusehen ist. Das Verfahren für die Anlegung der Grundbücher wird nach Art. 186 Abs. 1 für jeden Bundesstaat durch landesherrliche Verordnung bestimmt. Um indessen die gleichmäßige Durchführung der Vorschriften des Bürgerlichen Gesetzbuchs sicherzustellen, erscheint es geboten, die Einrichtung der Grundbücher wenigstens im Allgemeinen reichsgesetzlich zu ordnen. Aus dem gleichen Grunde bedürfen reichsgesetzlicher Regelung die Voraussetzungen, unter welchen das Grundbuchamt eine Eintragung in das Grundbuch vorzunehmen hat, sowie die Obliegenheiten dieser Behörde in Betreff der Hypotheken-, Grundschuld- und Rentenschuldbriefe. Bei der Bedeutung, welche nach dem Bürgerlichen Gesetzbuche der Thätigkeit des Grundbuchamts für die Rechte der Betheiligten zukommt, sind ferner Vorschriften über die Rechtsmittel gegen die Entscheidungen des Grundbuchamts nicht zu entbehren.

Im Artikel 1 des Einführungsgesetzes zum Bürgerlichen Gesetzbuch ist daher bereits der Erlaß einer besonderen Grundbuchordnung vorgesehen.

Inhalt des Entwurfs.

Der vorliegende Entwurf einer Grundbuchordnung zerfällt in fünf Abschnitte. Der erste Abschnitt „Allgemeine Vorschriften“ behandelt die Einrichtung der Grundbücher (§§. 1

bis 8), die Aufbewahrung gewisser, mit den Eintragungen in das Grundbuch zusammenhängender Urkunden (§. 9), die Einsicht des Grundbuchs und die Ertheilung von Abschriften (§. 10), sowie die Verantwortlichkeit für Pflichtverletzungen der Grundbuchbeamten (§. 11). Der zweite Abschnitt (§§. 12 bis 53) ordnet die Eintragungen in das Grundbuch nach ihren Voraussetzungen und ihrem Inhalte. Der dritte Abschnitt (§§. 54 bis 68) betrifft den Hypotheken-, Grundschuld- und Rentenschuldbrief. Im vierten Abschnitte wird die Beschwerde gegen Entscheidungen des Grundbuchamts (§§. 69 bis 75) und die weitere Beschwerde gegen die Entscheidung des Beschwerdegerichts geregelt (§§. 76 bis 79). Der fünfte und letzte Abschnitt (§§. 80 bis 100) enthält Schlußbestimmungen und stellt namentlich das Verhältniß der Grundbuchordnung zu den Landesgesetzen fest.

Da das Liegenschaftsrecht des Bürgerlichen Gesetzbuchs von den geltenden Rechten erheblich abweicht, so konnten auch die bisherigen Gesetze über das Verfahren in Grundbuchsachen dem Entwurfe nur in beschränktem Maße als Vorbild dienen. Mit der neuen Gestaltung des Liegenschaftsrechts hängt zugleich ein großer Theil der Aenderungen zusammen, welche der vorliegende Entwurf gegenüber dem Entwurf einer Grundbuchordnung aufweist, wie ihn im Jahre 1889 die damalige Kommission zur Ausarbeitung des Entwurfs eines Bürgerlichen Gesetzbuchs aufgestellt hatte (Drucksachen des Bundesraths 1889 Nr. 38).

Erster Abschnitt.

Allgemeine Vorschriften.

Grundbuchämter.

Die Bildung der Grundbuchämter sowie die nähere Regelung ihrer Zuständigkeit und der aus dem Mangel der Zuständigkeit sich ergebenden Folgen überläßt der Entwurf mit Rücksicht auf die Verschiedenheit der in den einzelnen Bundesstaaten bestehenden Verhältnisse der Landesgesetzgebung. Durch die Vorschrift des §. 1 Abs. 1 wird jedoch sichergestellt, daß in den einzelnen Bundesstaaten Grundbuchämter errichtet und mit der Grundbuchführung betraut werden. Ob und inwiefern ein Grundbuchbeamter kraft des Gesetzes ausgeschlossen ist oder abgelehnt werden kann, hängt mit der Einrichtung der Grundbuchämter zusammen und ist deshalb ebenfalls von der Landesgesetzgebung zu bestimmen. Das Gleiche gilt bezüglich der Frage, welche Bedeutung einer gegen diese Bestimmungen verstoßenden Amtshandlung beizulegen ist.

Einrichtung der Grundbücher.

Auch die Einrichtung der Grundbücher bedarf einer einheitlichen Regelung nicht. Der Entwurf beschränkt sich daher auf die Vorschriften, welche zur sachgemäßen Durchführung des Bürgerlichen Gesetzbuchs unbedingt erforderlich sind; im Uebrigen überläßt er es der Landesjustizverwaltung, die erforderlichen Anordnungen zu treffen (§. 1 Abs. 2). Diese Anordnungen können auch dahin ergehen, daß gewisse thatsächliche Angaben, die nicht zum Inhalte des Grundbuchs im Sinne des Bürgerlichen Gesetzbuchs gehören, insbesondere Angaben, die zur Bestimmung des Werthes der Grundstücke dienen, in das Grundbuch aufzunehmen sind.

Einrichtung nach Bezirken.

Im Einklange mit dem geltenden Rechte stellt der Entwurf zunächst den Grundsatz auf, daß die Grundbücher für Bezirke einzurichten sind (§. 2 Abs. 1). Nach dem §. 83 kann jedoch durch landesherrliche Verordnung bestimmt werden, daß für gewisse Gattungen von Grundstücken besondere nicht für Bezirke eingerichtete Grundbücher geführt werden. Durch diesen Vorbehalt wird der Entwurf den eigenartigen Verhältnissen gerecht, welche in einzelnen Bundesstaaten bestehen.

Bezeichnung der Grundstücke.

Um seinen Zweck zu erfüllen, muß das Grundbuch in erster Linie den Gegenstand der aus ihm zu ersehenden Rechte, das Grundstück, mit hinreichender Deutlichkeit erkennbar machen. Der Entwurf (§. 2 Abs. 2 Satz 1) verlangt daher die Bezeichnung der Grundstücke nach einem amtlichen Verzeichnisse. Derartige Verzeichnisse (Flurbücher, Lagerbücher, Fundbücher, Meßregister u. s. w.) sind in den meisten Bundesstaaten bereits vorhanden. Schon um die Benutzung dieser älteren Feststellungen nicht zu beschränken, war von näheren Vorschriften über die Anlegung des im Entwurfe vorausgesetzten Verzeichnisses abzusehen; namentlich kann eine amtliche Vermessung und Kartirung der Grundstücke, so sehr sie den Werth des Verzeichnisses erhöht, nicht reichsgesetzlich als Grundlage desselben vorgeschrieben werden. Der Entwurf spricht demgemäß nur die Voraussetzung aus, daß das Verzeichniß die Grundstücke unter Nummern oder Buchstaben aufzuführen hat. Dabei ist es auch zulässig, die Grundstücke nach bestimmten Merkmalen in verschiedene Gruppen zu theilen und innerhalb jeder Gruppe die zugehörigen Grundstücke in gesonderter Nummern- oder Buchstabenfolge aufzuführen. Die Beschaffung des Verzeichnisses der Grundstücke gehört zur Anlegung des Grundbuchs und unterliegt somit der Regelung durch landesherrliche Verordnung (§. 2 Abs. 2 Satz 2; vergl. Art. 186 Abs. 1 des Einführungsgesetzes zum Bürgerlichen Gesetzbuche).

Von selbst versteht es sich, daß die in den amtlichen Verzeichniß enthaltenen Angaben über die Lage und Größe eines Grundstücks, auch wenn das Grundbuch sie wiedergiebt oder auf sie Bezug nimmt, von dem öffentlichen Glauben des Grundbuchs nicht gedeckt werden; diese Angaben sind lediglich thatsächlicher Natur, der §. 892 des Bürgerlichen Gesetzbuchs aber will dem Erwerber nur die Sicherheit gewähren, daß der Inhalt des Grundbuchs in Ansehung der dinglichen Rechtsverhältnisse mit der wirklichen Rechtslage im Einklange steht. Das Verfahren zum Zwecke der Berichtigung jener Angaben im Grundbuch, insbesondere zufolge einer Aenderung des Flurbuchs, bestimmt sich nach landesgesetzlichen Vorschriften.

Grundbuchblatt.

Was die Anordnung des Inhalts der einzelnen Grundbücher betrifft, so ergiebt sich aus dem Zwecke des Grundbuchs, daß sämmtliche Angaben über die Rechtsverhältnisse eines Grundstücks an einer Stelle zu finden sein müssen. Der Entwurf (§. 3 Satz 1) schreibt deshalb im Einklange mit den in Preußen, Bayern, Sachsen und anderen Bundesstaaten geltenden Gesetzen als Regel vor, daß jedes Grundstück im Grundbuch eine besondere Stelle erhält; diese Stelle führt den Namen „Grundbuchblatt“. Die Bedeutung des Grundbuchblatts gegenüber dem sachlichen Liegenschaftsrechte des Bürgerlichen Gesetzbuchs wird durch die weitere Bestimmung (§. 3 Satz 2) klargestellt, daß das Blatt für das Grundstück als das Grundbuch im Sinne des Bürgerlichen Gesetzbuchs anzusehen ist. Die nähere Gestaltung des Blattes, namentlich die Bildung besonderer Abtheilungen für die verschiedenen Arten der Eintragungen (vergl. §. 879 des Bürgerlichen Gesetzbuchs), bleibt den Anordnungen der Landesjustizverwaltung vorbehalten. Welche Folgen es hat, wenn ein Grundstück aus Versehen doppelt gebucht sein sollte, ist nach dem Bürgerlichen Gesetzbuch, insbesondere nach den Vorschriften über den öffentlichen Glauben des Grundbuchs, zu beurtheilen. Dagegen unterliegt das Verfahren zum Zwecke der Beseitigung eines solchen Mangels, da es sich hierbei um die Einrichtung und die Führung des Grundbuchs handelt, der Regelung durch Landesrecht. Das Gleiche gilt von dem Verfahren behufs Löschung eines untergegangenen oder thatsächlich nicht mehr nachweisbaren Grundstücks.

Gemeinschaftliches Blatt.

Von dem Grundsatze, daß jedes Grundstück ein besonderes Grundbuchblatt erhält, läßt der Entwurf im §. 4 eine Ausnahme zu. Die strenge Durchführung der Regel würde in Gegenden mit zersplittertem Grundbesitze das Verfahren der Buchbehörde und die Verfügungen des Eigenthümers über seinen Grundbesitz zu sehr erschweren. Abhülfe in dieser Richtung gewähren die bisherigen Gesetze theils dadurch, daß sie bei der Eintheilung der Grundbücher nach Grundstücken die Bildung gemeinschaftlicher Blätter für mehrere Grundstücke gestatten (Preuß. Grundbuchordnung §. 13, Sächs. Verordnung vom 5. Januar 1865 §§. 109 ff.); theils dadurch, daß sie der Anordnung in den Büchern die Person des Eigenthümers zu Grunde legen. Die letztere Art der Buchführung besteht namentlich in Württemberg sowie in den hessischen Provinzen Starkenburg und Oberhessen (vergl. auch Preuß. Grundbuchordnung §§. 14 ff.). Für den Entwurf bleibt die hervorgehobene Unterscheidung außer Betracht, da sie lediglich die von ihm nicht geregelte innere Eintheilung der Grundbuchblätter betrifft. Der Entwurf beschränkt sich deshalb darauf, unter gewissen Voraussetzungen die Führung eines gemeinschaftlichen Grundbuchblatts über mehrere Grundstücke zuzulassen. Im Anschluß an das geltende Recht macht er (§. 4) die Zulässigkeit davon abhängig, daß die Grundstücke in dem Bezirke desselben Grundbuchamts, wenn auch in verschiedenen Grundbuchbezirken (vergl. §. 2 Abs. 1), belegen sind, daß sie demselben Eigenthümer gehören, und daß von der Buchung auf einem gemeinschaftlichen Blatte Verwirrung nicht zu besorgen ist. Durch seine Fassung bringt der §. 4 zugleich zum Ausdrucke, daß die gemeinschaftliche Buchung von Amtswegen wieder aufzuheben ist, sobald eine der Voraussetzungen ihrer Zulässigkeit später wegfällt, sobald also die Grundstücke verschiedene Eigenthümer erhalten oder aus einem sonstigen Grunde von der Beibehaltung des gemeinschaftlichen Blattes Verwirrung zu besorgen ist. Uebrigens läßt der Entwurf (§. 84) nach einer Richtung Raum für die Erweiterung der Vorschrift des §. 4. Die Vorschrift kann durch landesherrliche Verordnung auf Grundstücke erstreckt werden, die in den Bezirken verschiedener Grundbuchämter belegen sind. Dieses Verordnungsrecht ist namentlich mit Rücksicht auf die landesgesetzlichen Vorschriften über die Untheilbarkeit von Grundstücken (Art. 119 Nr. 2 des Einführungsgesetzes zum Bürgerlichen Gesetzbuch) von Bedeutung.

Zuschreibung oder Vereinigung von Grundstücken.

Nach §. 890 Abs. 1 des Bürgerlichen Gesetzbuchs können mehrere Grundstücke dadurch zu einem Grundstücke vereinigt werden, daß der Eigenthümer sie als ein Grundstück buchen läßt, und nach Abs. 2 daselbst kann ein Grundstück dadurch zum Bestandtheil eines anderen gemacht werden, daß der Eigenthümer es dem letzteren im Grundbuche zuschreiben läßt. Hierdurch werden jedoch nur die Rechtsfolgen bestimmt, welche sich ergeben, wenn auf Antrag des Eigenthümers eine Buchung der bezeichneten Art vorgenommen ist. Es bleibt dagegen die Frage offen, ob dem darauf gerichteten Antrage des Eigenthümers in allen Fällen stattgegeben werden soll. Diese Frage entscheidet der §. 5 des Entwurfs, und zwar dahin, daß die beantragte Zuschreibung oder Vereinigung nur erfolgen soll, wenn von ihr Verwirrung nicht zu besorgen ist. Die beantragte Buchung ist hiernach namentlich dann abzulehnen, wenn sie wegen verschiedener Belastung der Grundstücke das Grundbuch unübersichtlich machen oder bei der Zwangsvollstreckung zu Verwickelungen führen würde. Ein unbedingtes Hinderniß für die Zuschreibung oder die Vereinigung ist die Verschiedenheit der Belastung nicht (vergl. §. 1131 Satz 2 des Bürgerlichen Gesetzbuchs). Liegen die Grundstücke in den Bezirken verschiedener Grundbuchämter, so ist die Frage, welches Amt zuständig ist, nach der Landesgesetzgebung zu entscheiden.

Veräußerung eines Grundstückstheils.

Wird von einem Grundstück ein Theil abgetrennt und veräußert, so muß der veräußerte oder der dem Veräußerer verbleibende Theil ein besonderes Grundbuchblatt erhalten. Diese Regel braucht aber in der Grundbuchordnung nicht besonders ausgesprochen zu werden, weil sie sich aus den §§. 3, 4 von selbst ergiebt.

Belastung eines Grundstückstheils.

Nach §. 93 des Bürgerlichen Gesetzbuchs sind die einzelnen Flächenabschnitte eines Grundstücks nicht wesentliche Bestandtheile desselben. Die gesonderte Belastung eines Grundstückstheils ist daher an sich nicht ausgeschlossen. Im Interesse der Uebersichtlichkeit des Grundbuchs muß jedoch die Zulässigkeit einer solchen Belastung durch eine Ordnungsvorschrift in gleicher Weise beschränkt werden, wie dies bezüglich der Zuschreibung eines belasteten Grundstücks zu einem anderen Grundstücke durch den §. 5 vorgesehen ist. Der Entwurf (§. 6 Satz 1) bestimmt demgemäß, daß ein Grundstückstheil, der mit einem Rechte belastet werden soll, vor der Eintragung der Belastung von Amtswegen von dem Grundstück abzuschreiben und als selbständiges Grundstück einzutragen ist. Hiermit ist aber nicht gesagt, daß der abzuschreibende Theil in allen Fällen auf ein anderes Blatt übertragen werden müßte; vielmehr kann für ihn und den Rest des Grundstücks, sofern die Voraussetzungen des §. 4 vorliegen, aus dem bisherigen Blatte ein gemeinschaftliches Blatt gebildet werden.

Soll ein Grundstückstheil mit einer Dienstbarkeit oder einer Reallast belastet werden, so kann nach §. 6 Satz 2 die Abschreibung überhaupt unterbleiben, wenn hiervon Verwirrung nicht zu besorgen ist. Durch die Zulassung dieser Ausnahme wird die Führung des Buches vereinfacht; von praktischer Bedeutung ist die Ausnahme hauptsächlich im Falle der Belastung einzelner Grundstückstheile mit einem Altentheile.

Grundbuchblatt für ein Erbbaurecht.

Nach §. 7 des Entwurfs kann auch ein Erbbaurecht ein besonderes Grundbuchblatt erhalten. Zwar muß die zur Bestellung eines Erbbaurechts erforderliche Eintragung nach §. 873 des Bürgerlichen Gesetzbuchs in Verbindung mit §. 3 Satz 2 des Entwurfs auf dem Blatte des zu belastenden Grundstücks erfolgen. Für das so begründete Erbbaurecht gelten aber nach §. 1017 des Gesetzbuchs, namentlich auch in Betreff der Veräußerung und Belastung, die sich auf Grundstücke beziehenden Vorschriften. Es ist daher vom Standpunkte des Bürgerlichen Gesetzbuchs nur folgerichtig und es erleichtert außerdem die Uebersichtlichkeit der Buchführung, wenn der Entwurf (§. 7 Abs. 1 Satz 2) vorschreibt, daß für ein Erbbaurecht, falls es veräußert oder belastet werden soll, von Amtswegen ein besonderes Grundbuchblatt anzulegen ist. Abgesehen von diesen Fällen erfolgt die Anlegung nur auf Antrag (§. 7 Abs. 1 Satz 1). Ist aber das Blatt einmal angelegt, so gilt es für das Erbbaurecht fortan als Grundbuch im Sinne des Bürgerlichen Gesetzbuchs. Um Täuschungen zu verhüten, bestimmt der Entwurf, daß auf dem Blatte des belasteten Grundstücks die Anlegung des besonderen Blattes vermerkt werden soll (§. 7 Abs. 2).

Vermerk von Rechten des jeweiligen Eigenthümers eines Grundstücks.

Auch bei Rechten, die zu Gunsten des jeweiligen Eigenthümers eines anderen Grundstücks bestellt werden sollen (Grunddienstbarkeiten, Reallasten, Vorkaufsrechten), erfolgt die zur Bestellung erforderliche Eintragung ausschließlich auf dem Blatte des zu belastenden Grundstücks. Solche mit dem Eigenthum an einem Grundstücke verbundenen Rechte gelten aber nach §. 96 des Bürgerlichen Gesetzbuchs als Bestandtheile dieses Grundstücks; die Belastung des Grundstücks mit dem Rechte eines Dritten erstreckt sich daher auch auf die bezeichneten Rechte und dies hat zur Folge, daß letztere nach §. 876 Satz 2 und §. 877 des Gesetzbuchs nur mit Zustimmung des Dritten aufgehoben oder geändert werden können. Im Zusammenhange hiermit bestimmt der Entwurf (§. 8 Abs. 1 Satz 1), daß solche Rechte auf Antrag auch auf dem Blatte desjenigen Grundstücks zu vermerken sind, dessen jeweiligem Eigenthümer sie zustehen. Antragsberechtigt sind (§. 8 Abs. 1 Satz 2) der Eigenthümer des Grundstücks sowie alle, deren Zustimmung zur Aufhebung oder Aenderung des Rechtes erforderlich ist. Der Vermerk dient wesentlich zur Sicherung der letzteren Betheiligten; denn er hat nach §. 20 zur Folge, daß eine Eintragung, durch welche das in Frage stehende Recht betroffen wird, nur vorgenommen werden darf, wenn die Bewilligung jener Betheiligten beigebracht wird. Zur Vermeidung von Irrungen schreibt der Entwurf (§. 8 Abs. 2) noch vor, daß im Falle der Aenderung oder Aufhebung des Rechtes der Vermerk von Amtswegen zu berichtigen ist.

Aufbewahrung von Urkunden.

Der §. 9 regelt die Verpflichtung des Grundbuchamts, gewisse Urkunden aufzubewahren, die mit Eintragungen im Zusammenhange stehen. Es sind dies zunächst die Urkunden, auf welche eine Eintragung sich gründet; ihre Aufbewahrung ist nothwendig, um den Nachweis zu sichern, daß, die gesetzlichen Voraussetzungen für die Vornahme der Eintragung erfüllt waren. Weiter kommen solche Urkunden in Betracht, auf die im Grundbuche zur Ergänzung einer Eintragung Bezug genommen ist (vergl. §. 874, §. 885 Abs. 2, §. 1115 Abs. 1 des Bürgerlichen Gesetzbuchs; §. 48 des Entwurfs). Da die hiernach aufzubewahrenden Urkunden (§. 9 Abs. 1 Satz 1) als Unterlage und Ergänzung der Eintragung für das Grundbuch eine bleibende Bedeutung haben, so bestimmt der Entwurf (§. 9 Abs. 1 Satz 2) ferner, daß das Grundbuchamt sie nur unter Zurückbehaltung einer beglaubigten Abschrift herausgeben darf.

Im Uebrigen gewährt der Entwurf (§. 9 Abs. 2) den Betheiligten die Befugniß, auch solche Urkunden, welche über das der Bewilligung einer Eintragung zu Grunde liegende Rechtsgeschäft errichtet sind, oder eine beglaubigte Abschrift dieser Urkunden dem Grundbuchamte zur Aufbewahrung zu übergeben. Hierher gehört namentlich der Kaufvertrag, welcher einer Auflassung zu Grunde liegt. Die Betheiligten sind vermöge der erwähnten, dem §. 48 Abs. 2 der Preußischen Grundbuchordnung nachgebildeten Vorschrift in der Lage, sich auf einfache Weise den Beweis des betreffenden Rechtsgeschäfts zu sichern. Von praktischer Bedeutung ist dies namentlich für den Fall, daß wegen Unwirksamkeit des zu Grunde liegenden Geschäfts die Rechtsänderung nach den Vorschriften über die Herausgabe einer ungerechtfertigten Bereicherung (§§. 812 ff. des Bürgerlichen Gesetzbuchs) rückgängig gemacht werden soll.

Unter den nach §. 9 aufzubewahrenden Urkunden sind übrigens, soweit es sich um gerichtliche oder notarielle Urkunden handelt, nur die den Parteien ertheilten Ausfertigungen zu verstehen.

Einsicht des Grundbuchs. Ertheilung von Abschriften.

Der Zweck des Grundbuchs erfordert, daß sein Inhalt Jedem zugänglich ist, der ein rechtliches Interesse hat, sich über die Rechtsverhältnisse eines Grundstücks zu unterrichten. Ein solches Interesse besteht insbesondere auch für denjenigen, der über den Erwerb des Grundstücks oder eines Rechtes an dem Grundstücke mit dem Berechtigten verhandelt, ebenso für denjenigen, welcher mit dem Eigenthümer des Grundstücks einen Werkvertrag abschließen will, der nach §. 648 des Bürgerlichen Gesetzbuchs den Anspruch auf Bestellung einer Sicherheitshypothek gewährt. Gegenüber der Mehrzahl der bestehenden Gesetze erleichtert der Entwurf (§. 10 Abs. 1 Satz 1) die Einsicht des Grundbuchs insofern, als er nur verlangt, daß der Antragsteller sein rechtliches Interesse dem Grundbuchamte darlegt. Es ist danach zur Begründung des Antrags nicht eine Glaubhaftmachung im Sinne des §. 266 der Civilprozeßordnung erforderlich. Vielmehr hat das Grundbuchamt nach freiem Ermessen darüber zu befinden, inwieweit die thatsächlichen Angaben des Antragstellers geeignet sind, sein Gesuch zu rechtfertigen. Diese Art der Regelung trägt den Wünschen Rechnung, welche namentlich mit Rücksicht auf die im Baugewerbe hervorgetretenen Mißstände von verschiedenen Seiten geäußert worden sind, und schließt andererseits die Gefahr des Mißbrauchs aus, welche sich leicht an die unbeschränkte Oeffentlichkeit des Grundbuchs knüpft. Dem Grundbuche stellt der Entwurf die Urkunden gleich, auf die in dem Buche zur Ergänzung einer Eintragung Bezug genommen ist, sowie die noch nicht erledigten Eintragungsanträge (§. 10 Abs. 1 Satz 2). Die Einsicht jener Urkunden ist zur Ermittelung der Rechtsverhältnisse des Grundstücks unentbehrlich, die Einsicht der Anträge aber erscheint im Hinblick auf die Vorschrift des §. 16 nicht minder wichtig als die des Grundbuchs selbst. Soweit der Entwurf die Einsicht des Grundbuchs und der mit diesem zusammenhängenden Schriftstücke gestattet, gewährt er auch ein Recht auf Ertheilung von Abschriften (§. 10 Abs. 2). Ob und inwieweit für die Gestattung der Einsicht und die Ertheilung von Abschriften Kosten zu erheben sind, bestimmt sich, wie das Kostenwesen in Grundbuchsachen überhaupt, nach den Landesgesetzen.

Durch den §. 10 des Entwurfs werden die Vorschriften des öffentlichen Rechts nicht berührt, welche in den einzelnen Bundesstaaten die Befugniß von Behörden und Beamten zur Einsicht des Grundbuchs regeln. Nach §. 91 des Entwurfs sind aber ferner die Landesjustizverwaltungen in der Lage, auch Privatpersonen die Einsicht des Grundbuchs und der im §. 10 Abs. 1 Satz 2 bezeichneten Schriftstücke im weiteren Umfange zu gestatten und die Ertheilung von Abschriften in weiterem Umfange für zulässig zu erklären, als es durch §. 11 vorgeschrieben ist. Der Vorbehalt ist namentlich für die Gebiete von Bedeutung, in denen zur Zeit das Grundbuch allgemein zugänglich ist, wie Lübeck, Hamburg, Elsaß-Lothringen. Selbstverständlich ist es auch zulässig, daß die Justizverwaltung von dem Vorbehalte nur für bestimmte Theile des Grundbuchs Gebrauch macht. Dies wird insbesondere da in Frage kommen, wo die Einrichtung der Bücher so geordnet ist, daß die Eintragungen über Hypotheken,

Grundschulden und Rentenschulden von den das Eigenthum und die Dienstbarkeiten betreffenden Eintragungen getrennt gehalten werden.

Haftung des Staates für Pflichtverletzungen der Grundbuchbeamten.

Die Schlußbestimmung des ersten Abschnitts (§. 11) regelt die Verantwortlichkeit für Pflichtverletzungen der Grundbuchbeamten. Bei der Regelung des Liegenschaftsrechts, wie sie im Bürgerlichen Gesetzbuch erfolgt ist, namentlich gegenüber dem öffentlichen Glauben des Grundbuchs, sind die Betheiligten der Gefahr, durch pflichtwidriges Verhalten der Grundbuchbeamten geschädigt zu werden, in besonderem Maße ausgesetzt. Wenn die Grundbucheinrichtung ungeachtet dieser mit ihr untrennbar verbundenen Gefahr aus Gründen der Verkehrssicherheit durchgeführt wird, so erfordert die Billigkeit, daß der Staat den Betheiligten für die ihnen daraus erwachsenden Nachtheile aufkommt. Eine Haftung des Staates für Versehen der Grundbuchbeamten ist in den meisten Rechtsgebieten bereits anerkannt, allerdings vorwiegend nur für den Fall, daß der Beschädigte nicht von dem Beamten Ersatz erlangen kann; ohne diese Beschränkung besteht die Haftung namentlich in Sachsen und in den Gebieten des französischen Rechts. Für die Beseitigung der Beschränkung spricht das Interesse des Beschädigten, dem die Erlangung des Ersatzes nicht dadurch erschwert werden darf, daß er erst zu einer unter Umständen ergebnißlosen Rechtsverfolgung gegen den Beamten genöthigt wird. Aber auch die Rücksicht auf die Grundbuchbeamten kommt hierbei in Betracht, indem diese nach der Art ihrer Thätigkeit häufiger als andere Beamte in die Lage kommen, sich ersatzpflichtig zu machen. Der Entwurf (§. 11) läßt deshalb, nach dem Vorgange des elsaß-lothringischen Gesetzes, betreffend die Einrichtung der Grundbücher, vom 22. Juni 1891, §. 32, dem Beschädigten gegenüber den Staat allein haften, und zwar in der Art, daß, wenn ein Grundbuchbeamter die ihm obliegende Amtspflicht vorsätzlich oder fahrlässig verletzt, die im §. 839 des Bürgerlichen Gesetzbuchs bestimmte Verantwortlichkeit an Stelle des Beamten den Staat trifft. Die Ersatzpflicht des Staates besteht also insoweit und insolange, als der Beamte selbst nach jener Vorschrift haften würde. Durch die Fassung des Entwurfs wird zugleich klargestellt, daß im Sinne des §. 839 des Bürgerlichen Gesetzbuchs sämmtliche Amtspflichten des Grundbuchbeamten Pflichten sind, die ihm einem Dritten gegenüber obliegen, daß aber als Dritter nur ein Betheiligter anzusehen ist; die Verantwortlichkeit kann daher nicht von demjenigen geltend gemacht werden, der, ohne betheiligt zu sein, durch die Verletzung der Amtspflicht nur mittelbar einen Schaden erleidet. Steht nach dem maßgebenden Landesgesetz ein Grundbuchbeamter nicht im Dienste des Staates, sondern einer anderen öffentlich-rechtlichen Körperschaft, insbesondere einer Gemeinde, so wird an Stelle des Staates die Körperschaft für die Pflichtverletzungen der Grundbuchbeamten verantwortlich.

Durch die so begründete Haftung wird das Recht des Staates oder der Körperschaft, von dem Beamten Ersatz zu verlangen, nicht berührt (§. 11 Satz 2). Ob und inwieweit ein solches Recht besteht, bestimmt sich nach den für das Dienstverhältniß des Beamten maßgebenden Vorschriften.

Zweiter Abschnitt.

Eintragungen in das Grundbuch.

Tragweite der Vorschriften.

Die Vorschriften des zweiten Abschnitts beziehen sich auf solche Eintragungen über die Rechtsverhältnisse eines Grundstücks, die nach der Anlegung des Grundbuchs vorzunehmen sind. Diese Eintragungen sind meist endgültige, seltener vorläufige. Zu den letzteren gehören die Vormerkungen, ferner die mit ihnen dem Zwecke nach verwandten Veräußerungsverbote und Verfügungsbeschränkungen sowie der Widerspruch gegen die Richtigkeit des Grundbuchs. Die endgültigen Eintragungen bezwecken, entweder eine Rechtsänderung herbeizuführen oder den Inhalt des Grundbuchs mit der wirklichen Rechtslage in Einklang zu setzen.

Erforderniß des Antrags.

Der §. 12 Abs. 1 des Entwurfs stellt im Anschluß an das geltende Recht (z. B. Preuß. Grundbuchordnung §. 30) den Grundsatz auf, daß eine Eintragung nur auf Antrag erfolgt, soweit nicht das Gesetz ein Anderes vorschreibt. Die Regel rechtfertigt sich dadurch, daß bei einer Eintragung das Privatinteresse der Betheiligten im Vordergrunde steht.

Antragsrecht.

Die Befugniß, eine Eintragung zu beantragen, legt der Entwurf (§. 12 Abs. 2) Jedem bei, dessen Recht von der Eintragung betroffen wird oder zu dessen Gunsten sie erfolgen soll. Die Fassung schließt sich den Vorschriften des §. 885 Abs. 1 Satz 1, der §§. 886, 894 und des §. 899 Abs. 2 Satz 1 des Bürgerlichen

Gesetzbuchs an. Antragsberechtigt kann auch ein mittelbar Betheiligter sein. Daß insbesondere die Löschung eines nicht entstandenen oder erloschenen Rechtes von einem nachstehenden Berechtigten beantragt werden kann, um das in Wirklichkeit bestehende Rangverhältniß seines Rechtes im Grundbuch ersichtlich zu machen, unterliegt nach §. 894 des Bürgerlichen Gesetzbuchs keinem Zweifel. Aus den angeführten Vorschriften des Bürgerlichen Gesetzbuchs ergiebt sich ferner, daß derjenige, dessen Recht von der Eintragung betroffen wird, je nach der Verschiedenheit der Fälle der wirklich Berechtigte oder, wie bei Anträgen auf Berichtigung des Grundbuchs, nur der buchmäßig Berechtigte ist.

Sind auf der einen oder der anderen Seite Mehrere betheiligt, so ist jeder von ihnen antragsberechtigt.

Antragsrecht, insbesondere bezüglich der Eintragung eines Berechtigten.

Der §. 13 erweitert für gewisse Fälle den Kreis der Antragsberechtigten. Die Vorschrift steht in engem Zusammenhange mit dem §. 38 des Entwurfs, demzufolge eine Eintragung der Regel nach nur erfolgen darf, wenn derjenige, dessen Recht durch sie betroffen wird, als der Berechtigte eingetragen ist. Soweit die Regel des §. 38 reicht, bildet demnach die mangelnde Eintragung des Berechtigten ein äußeres Hinderniß für jede sein Recht betreffende Eintragung. Zur Beseitigung dieses Hindernisses gewährt der §. 13 demjenigen, welcher auf Grund eines gegen den Berechtigten vollstreckbaren Titels eine Eintragung verlangen kann, deren Zulässigkeit von der vorgängigen Eintragung des Berechtigten abhängt, die Befugniß, seinerseits zu beantragen, daß das Grundbuch durch Eintragung des Berechtigten berichtigt werde.

Die Vorschrift des §. 13 ist zunächst für die Fälle von Bedeutung, in denen kraft eines vollstreckbaren Titels die Eintragung eines bestehenden oder eines durch die Eintragung erst zu begründenden Rechtes an einem Grundstück oder einem eingetragenen Rechte verlangt werden kann. Sie giebt ferner dem Gläubiger, der wegen einer Geldforderung gegen einen nicht eingetragenen Berechtigten einen vollstreckbaren Titel erlangt hat, die Möglichkeit, Vollstreckungsmaßregeln, die eine Eintragung in das Grundbuch erfordern, insbesondere die Eintragung einer Hypothek, zu erwirken. Auch soweit zur Herbeiführung der Zwangsversteigerung oder Zwangsverwaltung eines Grundstücks die vorgängige Eintragung des Schuldners als Eigenthümers erforderlich ist, kann der Gläubiger, vorausgesetzt, daß er in der Lage ist, sich die nöthigen Unterlagen für den Antrag zu beschaffen (vergl. unter

S. 48, 49), auf dem im §. 13 vorgesehenen Wege die Eintragung erreichen; denn da der Gläubiger auf Grund des Titels stets auch die Eintragung einer Hypothek verlangen darf, ist die Voraussetzung des §. 13 ohne Weiteres erfüllt. In Betracht kommen hier namentlich die Fälle, in denen auf Grund einer nichtigen, z. B. einer zum Scheine vorgenommenen Auflassung oder in Folge eines Versehens des Grundbuchamts statt des Schuldners ein Anderer als Eigenthümer eingetragen ist.

Antragsrecht der Notare.

Nach dem Vorbilde des §. 36 der Preußischen Grundbuchordnung bestimmt der Entwurf im §. 14, daß ein Notar, der die zu einer Eintragung erforderliche Erklärung aufgenommen oder beglaubigt hat, als ermächtigt gilt, im Namen eines Antragsberechtigten die Eintragung zu beantragen. Das Verhältniß, in welches der Notar zu den Betheiligten getreten ist, rechtfertigt die Vermuthung seiner Bevollmächtigung.

Anträge unter Vorbehalt.

Im §. 15 Abs. 1 stellt der Entwurf die Ordnungsvorschrift auf, daß einem Eintragungsantrage, dessen Erledigung an einen Vorbehalt geknüpft ist, nicht stattgegeben werden soll. Dem Grundbuchamte wird durch diese Vorschrift die Prüfung der Frage erspart, ob nach der gegenwärtigen Sachlage die Eintragung wirklich begehrt sei. Jedoch läßt für den Fall, daß mehrere Eintragungen gleichzeitig oder nach einander beantragt werden, der Entwurf (§. 15 Abs. 2) mit Rücksicht auf das praktische Bedürfniß einen Vorbehalt zu, wonach die eine Eintragung nicht ohne die andere erfolgen soll. Durch diesen Vorbehalt wird namentlich die Erfüllung Zug um Zug erleichtert; er braucht übrigens nicht ausdrücklich ausgesprochen zu werden, vielmehr genügt es, wenn er sich aus den Umständen ergiebt. Selbstverständlich bezieht sich der §. 15 überhaupt nicht auf solche Vorbehalte, welche das einzutragende Recht inhaltlich beschränken, also nicht vor der Eintragung, sondern erst nach derselben erledigt und gerade durch die Eintragung gesichert werden sollen; dahin gehört insbesondere der durch §. 881 des Bürgerlichen Gesetzbuchs gestattete Vorbehalt der Befugniß, mit dem Range vor dem einzutragenden Rechte demnächst ein anderes, dem Umfange nach bestimmtes Recht eintragen zu lassen.

Behandlung mehrerer Anträge.

Der Stellung des Eintragungsantrags legt das Bürgerliche Gesetzbuch sachliche Wirkungen nur in bestimmten Beziehungen bei (vergl. §. 878, §. 892 Abs. 2). Andere Vorschriften des Gesetzbuchs beruhen aber auf der Voraussetzung, daß im Wege der Ordnungsvorschrift dem früher gestellten Antrage der Vorzug vor dem später gestellten gewahrt werde. Einer solchen Ordnungsvorschrift bedarf es für die Fälle, in denen durch die mehreren beantragten Eintragungen dasselbe Recht betroffen wird; denn hier kann die Vornahme der einen Eintragung auf die Zulässigkeit oder Wirksamkeit der anderen oder auf das Rangverhältniß zwischen den Eintragungen von Einfluß sein (vergl. §. 879 des Bürgerlichen Gesetzbuchs). Der §. 16 des Entwurfs bestimmt daher, daß in den bezeichneten Fällen die später beantragte Eintragung nicht vor der Erledigung des früher gestellten Antrags erfolgen darf; erledigt ist aber der früher gestellte Antrag, wenn ihm stattgegeben oder wenn er endgültig zurückgewiesen ist. Die Zurückweisung eines später gestellten Antrags kann unbedenklich schon vor der Erledigung des früher gestellten Antrags erfolgen; sie ist indessen selbstverständlich ausgeschlossen, wenn anzunehmen ist, daß für die Erledigung der Anträge der im §. 15 Abs. 2 zugelassene Vorbehalt gelten soll.

Behandlung ungerechtfertigter Anträge.

Stellt sich ein Antrag als ungerechtfertigt dar, so führt dies nach dem Entwurfe nicht ohne Weiteres zu seiner sofortigen Zurückweisung. Eine solche Zurückweisung würde in Fällen empfindliche Härten mit sich bringen, in denen der Antrag an einem leicht zu hebenden Mangel der Begründung leidet. Das praktische Bedürfniß erfordert eine so strenge Behandlung nicht; auch gegenwärtig wird nach der Uebung der Buchbehörden es in den meisten Rechtsgebieten für statthaft erachtet, vor der endgültigen Zurückweisung eines Antrags Zwischenverfügungen zu erlassen. Im Einklange hiermit stellt der Entwurf (§. 17), für den Fall, daß einer beantragten Eintragung ein Hinderniß entgegensteht, es in das Ermessen des Grundbuchamts, ob der Antrag sofort unter Angabe der Gründe zurückzuweisen oder dem Antragsteller zunächst eine Frist zur Hebung des Hindernisses zu bestimmen ist. Im letzteren Falle hat nach dem Ablaufe der Frist die Zurückweisung des Antrags zu erfolgen, wenn nicht inzwischen die Hebung des Hindernisses nachgewiesen ist; wird dagegen der Nachweis geführt, so erfolgt die Eintragung. Erst nachdem der Antrag in solcher Weise durch Zurückweisung oder Eintragung erledigt ist, kann auch gemäß §. 16 eine etwa später beantragte Eintragung zum Vollzuge gelangen.

Eintragungsbewilligung.

Als Unterlage des Eintragungsantrags verlangt der Entwurf (§. 18) die **Bewilligung** desjenigen, dessen Recht von der Eintragung betroffen wird. Das Liegenschaftsrecht des Bürgerlichen Gesetzbuchs stellt zwar für die Fälle, in welchen die Eintragung Erforderniß der Rechtsänderung ist, neben der Eintragung theils die Einigung der Betheiligten über den Eintritt der Rechtsänderung (vergl. §§. 873, 877, §. 880 Abs. 2, §. 1116 Abs. 2, 3, §. 1180), theils die einseitige, dem Grundbuchamt oder einem Anderen gegenüber abzugebende Erklärung des Berechtigten (§§. 875, 928, §. 1132 Abs. 2, §. 1168 Abs. 2, §. 1188 Abs. 1, §. 1195, §. 1196 Abs. 2) als weiteres gleich wesentliches Erforderniß auf. Allein zur Erleichterung des Grundbuchverkehrs, insbesondere zur Vereinfachung der Buchführung, empfiehlt es sich, die Eintragung nicht von dem Nachweise der Einigung abhängig zu machen, sondern nach dem Vorgange der preußischen Gesetzgebung von der Regel auszugehen, daß statt der Einigung die Bewilligung desjenigen erforderlich und genügend ist, dessen Recht von der Eintragung betroffen wird. Wer hiernach die Eintragung zu bewilligen hat, muß im einzelnen Falle mit Rücksicht auf den Gegenstand der beantragten Eintragung an der Hand der Vorschriften des Bürgerlichen Gesetzbuchs bestimmt werden. Handelt es sich um Aenderungen des Inhalts eines Rechts an einem Grundstücke, so ist die Bewilligung des Berechtigten und des Eigenthümers erforderlich, da hier sowohl das Recht an dem Grundstück als auch das Eigenthum selbst von der Eintragung betroffen wird. Dies gilt insbesondere für die Fälle, in denen eine Buchhypothek in eine Briefhypothek oder eine Briefhypothek in eine Buchhypothek, eine Sicherungshypothek in eine gewöhnliche Hypothek, eine gewöhnliche Hypothek in eine Sicherungshypothek, eine Hypothek in eine Grundschuld, eine Grundschuld in eine Hypothek umgewandelt oder in denen an die Stelle der Forderung, für welche die Hypothek besteht, eine andere Forderung gesetzt werden soll (vergl. §§. 1116, 1180, 1186, 1198 des Bürgerlichen Gesetzbuchs).

Zu einer Ausnahme von der Regel, daß die Bewilligung desjenigen genügt, dessen Recht von der Eintragung betroffen wird, nöthigen aber die Fälle, in welchen die Einigung an eine besondere Form geknüpft ist, also die Fälle der Auflassung eines Grundstücks sowie der Begründung und Uebertragung eines Erbbaurechts (§§. 925, 1015, 1017 des Bürgerlichen Gesetzbuchs; Art. 143 des Einführungsgesetzes). In diesen Fällen darf, damit die Beobachtung der Form gesichert bleibt, die Eintragung nur auf Grund der nachgewiesenen Einigung erfolgen (§. 19 des Entwurfs).

Eine Ausnahme nach anderer Richtung erscheint für den Fall geboten, daß das von der Eintragung betroffene Recht dem Eigenthümer eines anderen Grundstücks zusteht, und dieses Grundstück mit dem Rechte eines Dritten belastet ist. Hier wäre nach der Regel des §. 18 die Beibringung der Bewilligung des Dritten stets erforderlich, sobald dessen Recht von der Eintragung berührt würde (§§. 876, 877 des Bürgerlichen Gesetzbuchs). Um jedoch den Verkehr nicht über Gebühr zu erschweren, sieht der Entwurf (§. 20) vor, daß in den bezeichneten Fällen der Dritte nur berücksichtigt werden soll, wenn sein Recht in Gemäßheit des §. 8 auf dem Blatte des Grundstücks vermerkt ist.

Berichtigung des Grundbuchs.

Aus der gleichen Rücksicht läßt der §. 21 Abs. 1 die Berichtigung des Grundbuchs, auch ohne daß die Bewilligung desjenigen vorliegt, dessen Recht durch die Berichtigung betroffen wird (§. 894 des Bürgerlichen Gesetzbuchs), dann zu, wenn die Unrichtigkeit nachgewiesen wird. Die Vorschrift ist von besonderer Bedeutung für die Fälle, in denen eine Hypothek (Grundschuld oder Rentenschuld) sich dadurch mit dem Eigenthum in einer Person vereinigt, daß der Eigenthümer den Gläubiger befriedigt. Mit der Vereinigung wird das Grundbuch unrichtig (§§. 1144, 1145 des Bürgerlichen Gesetzbuchs), und der Eigenthümer bedarf daher, um die Eintragung der Hypothek auf seinen Namen oder die Löschung der Hypothek herbeizuführen, nicht der Bewilligung des Gläubigers, vielmehr genügt es, wenn er an Stelle dieser Bewilligung die Quittung beibringt. Dasselbe gilt, soweit der persönliche Schuldner durch Befriedigung des Gläubigers die Hypothek erwirkt (§. 1167 des Bürgerlichen Gesetzbuchs). Andererseits darf (§. 21 Abs. 2) ein Eigenthümer oder ein Erbbauberechtigter, sofern nicht der Fall des §. 13 vorliegt, auch im Wege der Berichtigung nur mit seiner Zustimmung eingetragen werden; die Vorschrift entspricht dem §. 19 und rechtfertigt sich durch die Bedeutung der in Frage stehenden Rechte. Einer Beobachtung der Auflassungsform bedarf es übrigens hier nicht.

Löschung eines zeitlich beschränkten Rechtes.

Die Vorschrift des §. 21 Abs. 1 läßt sich gegenüber den Rechten, die auf die Lebenszeit des Berechtigten beschränkt sind, nicht ohne Weiteres durchführen. Ein solches Recht würde gelöscht werden können, sobald der Tod des Berechtigten oder die Todeserklärung nachgewiesen wäre. Hierin läge aber, wenn Rückstände von Leistungen nicht ausgeschlossen sind, für den Rechtsnachfolger des Berechtigten eine erhebliche Gefahr. Um diese Gefahr zu verhüten, greift der Entwurf (§. 22) auf die Regel des §. 18 zurück. Er macht die Löschung von der Bewilligung des Rechtsnachfolgers dann abhängig, wenn dieser der Löschung bei dem Grundbuchamte widersprochen hat; dabei ist zur weiteren Sicherung des Rechtsnachfolgers bestimmt, daß ein solcher Widerspruch von Amtswegen in das Grundbuch eingetragen werden soll. Hiervon abgesehen, wird für die Löschung die Bewilligung des Rechtsnachfolgers dann erfordert, wenn die Löschung vor dem Ablauf eines Jahres nach dem Tode des Berechtigten erfolgen soll; ist der letztere für todt erklärt, so beginnt die einjährige Frist erst mit der Erlassung des die Todeserklärung aussprechenden Urtheils. Die Beschaffung der Bewilligung ist freilich nicht selten mit Kosten und Weiterungen verbunden. Mit Rücksicht hierauf gewährt der Entwurf den Betheiligten die Möglichkeit, das Erforderniß einer solchen Bewilligung für alle Fälle von vornherein auszuschließen, indem sie im Grundbuche den Vermerk eintragen lassen, daß zur Löschung des Rechtes der Nachweis des Todes des Berechtigten genügen soll. Aehnliche Vorschriften finden sich schon in geltenden Gesetzen.

Die Erwägungen, auf denen der §. 22 beruht, treffen in gleicher Weise zu, wenn das Recht mit der Erreichung eines bestimmten Lebensalters des Berechtigten oder mit dem Eintritt eines sonstigen bestimmten Zeitpunkts oder Ereignisses erlischt. Demgemäß sollen nach §. 23 die Vorschriften des §. 22 in diesen Fällen entsprechende Anwendung finden.

Löschung einer Vormerkung und eines Widerspruchs.

Ist zufolge einer einstweiligen Verfügung (vergl. §. 885 Abs. 1, §. 899 Abs. 2 des Bürgerlichen Gesetzbuchs) eine Vormerkung oder ein Widerspruch eingetragen, so verliert diese Eintragung ohne Weiteres ihre Berechtigung, wenn die gerichtliche Anordnung, auf der sie beruht, wegfällt. Im Anschluß an den

§. 19 des Preußischen Ausführungsgesetzes zur Civilprozeßordnung vom 24. März 1879 bestimmt daher der Entwurf (§. 24 Satz 1), daß es in dem bezeichneten Falle zur Löschung der Vormerkung oder des Widerspruchs einer Bewilligung des Berechtigten nicht bedarf, wenn die einstweilige Verfügung durch eine vollstreckbare Entscheidung aufgehoben ist. Aus dem gleichen Grunde soll die Bewilligung des Berechtigten nicht erforderlich sein, wenn die Eintragung der Vormerkung oder des Widerspruchs in Gemäßheit des nach der Anlage I als Ergänzung der Civilprozeßordnung in Aussicht genommenen §. 779a auf Grund eines vorläufig vollstreckbaren Urtheils erfolgt, das Urtheil oder dessen vorläufige Vollstreckbarkeit aber durch eine vollstreckbare Entscheidung wieder aufgehoben ist (§. 24 Satz 2).

Eintragung der Uebertragung und Belastung von Hypotheken.

Nach dem Bürgerlichen Gesetzbuch (§. 1154 Abs. 1, §. 1192 Abs. 1) vollzieht sich die Abtretung einer Hypothek, einer Grundschuld oder Rentenschuld regelmäßig außerhalb des Grundbuchs durch Ertheilung einer schriftlichen Abtretungserklärung und Uebergabe des Briefes. Die schriftliche Form der Abtretungserklärung kann jedoch dadurch ersetzt werden, daß die Abtretung in das Grundbuch eingetragen wird (§. 1154 Abs. 2 des Bürgerlichen Gesetzbuchs). Sowohl in dem letzteren Falle, als auch dann, wenn die außerhalb des Grundbuchs erfolgte Abtretung nachträglich in das Grundbuch eingetragen werden soll, wäre bei Anwendung des §. 18 die Eintragung nur auf Grund einer Eintragungsbewilligung des bisherigen Gläubigers zulässig. Eine solche Regelung würde aber den Bedürfnissen und Gewohnheiten des Verkehrs nicht entsprechen. Nach dem Vorgange der Preußischen Grundbuchordnung (§. 80) bestimmt deshalb der Entwurf (§. 25 Abs. 1), daß es genügt, wenn an Stelle der Eintragungsbewilligung die Abtretungserklärung des bisherigen Gläubigers vorgelegt wird. Einer Abtretungserklärung im Sinne des §. 25 Abs. 1 steht gleich ein gerichtlicher Ueberweisungsbeschluß und das öffentlich beglaubigte Anerkenntniß einer kraft Gesetzes erfolgten Uebertragung (vergl. §. 1155 Satz 2 des Bürgerlichen Gesetzbuchs).

Die Erwägungen, auf denen die Vorschrift des §. 25 Abs. 1 beruht, treffen auch dann zu, wenn eine Belastung der Hypothek, Grundschuld oder Rentenschuld eingetragen werden soll (vergl. die §§. 1069, 1274 des Bürgerlichen Gesetzbuchs). Nach §. 25

Abs. 2 hat daher die Vorschrift in diesem Falle entsprechende Anwendung zu finden.

Ist eine Forderung durch ein Pfandrecht an einem eingetragenen Rechte gesichert, so geht mit der außerhalb des Grundbuchs sich vollziehenden Uebertragung der Forderung auch das eingetragene Pfandrecht auf den neuen Gläubiger über (§. 401 Abs. 1 des Bürgerlichen Gesetzbuchs). Das Interesse des neuen Gläubigers erfordert indessen, daß ihm die Möglichkeit gewährt wird, die Uebertragung eintragen zu lassen. Um die Statthaftigkeit einer solchen Eintragung außer Zweifel zu stellen, bestimmt daher der §. 25 Abs. 2 weiter, daß die Vorschriften des Abs. 1 auch dann entsprechende Anwendung finden, wenn die Uebertragung oder die Belastung einer Forderung, für die ein eingetragenes Recht als Pfand haftet, eingetragen werden soll. Die Eintragung hat übrigens nicht die Wirkung, daß der öffentliche Glaube des Grundbuchs sich auf das Bestehen der Forderung oder auf die Person des Forderungsberechtigten erstreckt.

Löschung von Hypotheken, Grundschulden und Rentenschulden.

Soll eine Hypothek, eine Grundschuld oder eine Rentenschuld gelöscht werden, so darf nach §. 26 Abs. 1 die Löschung nur mit Zustimmung des Eigenthümers des Grundstücks erfolgen, und zwar ohne Unterschied, ob es sich um die Aufhebung der Hypothek u. s. w. durch Rechtsgeschäft (vergl. §§. 1183, 1192 des Bürgerlichen Gesetzbuchs) oder um die Berichtigung des Grundbuchs handelt. Im letzteren Falle würde nach §. 21 an sich der Nachweis der Unrichtigkeit des Grundbuchs genügen. Dieser Nachweis wird jedoch nur selten ohne eine die Unrichtigkeit des Buches anerkennende Erklärung des Eigenthümers zu führen sein; in Ermangelung des Nachweises wäre aber nach §. 18 ohnehin die Eintragungsbewilligung des Eigenthümers erforderlich, da dessen Recht vermöge der Vorschriften des Bürgerlichen Gesetzbuchs über die Eigenthümerhypothek stets von der Löschung betroffen wird. Unter diesen Umständen empfiehlt es sich im Interesse der Vereinfachung der Grundbuchführung, die Löschung einer Hypothek, einer Grundschuld oder einer Rentenschuld allgemein von der Zustimmung des Eigenthümers abhängig zu machen.

Der §. 26 Abs. 2 betrifft den Fall, daß die Löschung eines Pfandrechts oder Nießbrauchs beantragt wird, mit welchem eine Hypothek, eine Grundschuld oder eine Rentenschuld belastet ist.

Hier soll auch die Zustimmung desjenigen erforderlich sein, dem das belastete Recht zusteht. Die Vorschrift ist zum Schutze des letzteren mit Rücksicht darauf geboten, daß nach dem Bürgerlichen Gesetzbuche (§§. 1063, 1068, 1256, 1273) das belastende Recht, wenn es mit dem belasteten in derselben Person zusammentrifft, als nicht erloschen gilt, soweit derjenige, dem das belastete Recht zusteht, ein rechtliches Interesse an der Fortdauer des Pfandrechts oder Nießbrauchs hat. Uebrigens bedarf es jener Zustimmung dann nicht, wenn die Löschung zum Zwecke der Berichtigung des Grundbuchs auf Grund des Nachweises beantragt wird, daß das Grundbuch unrichtig geworden, z. B. das Pfandrecht durch Verzicht des Pfandgläubigers erloschen ist.

Bezeichnung des Grundstücks.

Die Vorschrift des §. 27 Satz 1, derzufolge in der Eintragungsbewilligung oder, wenn eine solche nicht erforderlich ist, in dem Eintragungsantrage das Grundstück übereinstimmend mit dem Grundbuch oder durch Hinweisung auf das Grundbuchblatt bezeichnet werden soll, sichert die für die Buchführung nöthige Bestimmtheit des Inhalts der Erklärungen.

Angabe des Geldbetrags bei Hypotheken in Reichswährung.

Der §. 27 Satz 2 spricht nach dem Vorgange der Gesetze von Preußen, Oldenburg, Braunschweig u. a. die Ordnungsvorschrift aus, daß einzutragende Geldbeträge in der Eintragungsbewilligung oder dem Antrag in Reichswährung anzugeben sind. Die Vorschrift ist nicht nur bei der Eintragung einer Hypothek, einer Grundschuld oder Rentenschuld von Bedeutung, sondern auch bei der Eintragung einer auf einen Geldbetrag gerichteten Reallast, sowie bei der Eintragung des Höchstbetrags, welcher als Werth eines das Grundstück belastenden Rechts im Falle des Erlöschens durch die Zwangsversteigerung aus dem Erlöse zu ersetzen ist. Das Gleiche muß gelten, wenn zur Sicherung eines Anspruchs auf Bestellung eines Rechtes, das die Zahlung eines Geldbetrags aus dem Grundstücke zum Gegenstande hat, eine Vormerkung eingetragen werden soll. Daß die Geldbeträge in bestimmten Summen anzugeben sind, ergiebt sich schon aus den Vorschriften des Bürgerlichen Gesetzbuchs (vergl. §§. 882, 1115) und braucht deshalb hier nicht mehr besonders ausgesprochen zu werden.

Nachweis der Voraussetzungen einer Eintragung.

Um dem Grundbuchamt eine zuverlässige Grundlage für die Prüfung der Voraussetzungen einer Eintragung zu verschaffen, fordert der Entwurf (§. 28 Satz 1) im Einklange mit der Mehrzahl der bestehenden Gesetze, daß die Eintragungsbewilligung sowie die sonstigen zu der Eintragung erforderlichen Erklärungen (vergl. §. 21 Abs. 2, §. 26) vor dem Grundbuchamte zu Protokoll gegeben oder durch öffentliche Urkunden (§. 380 der Civilprozeßordnung) oder öffentlich beglaubigte Urkunden (§. 129 Abs. 1 des Bürgerlichen Gesetzbuchs) nachgewiesen werden. Für den Eintragungsantrag und die Vollmacht zur Stellung eines solchen gilt dies jedoch nach §. 29 nur dann, wenn durch den Antrag zugleich eine zu der Eintragung erforderliche Erklärung ersetzt wird. Darüber hinaus sind zum Schutze gegen unrichtige Buchungen Formvorschriften für den Antrag nicht geboten. Auf dem gleichen Standpunkte steht bereits die Mehrzahl der geltenden Gesetze.

Für diejenigen Voraussetzungen der Eintragung, die nicht in Erklärungen (§. 28 Satz 1) bestehen (Nachweis der Bestellung zum gesetzlichen Vertreter, Nachweis einer gerichtlichen Entscheidung u. s. w.), bestimmt der Entwurf (§. 28 Satz 2), daß sie, soweit sie nicht bei dem Grundbuchamt offenkundig sind, des Nachweises durch öffentliche Urkunden bedürfen; er schließt sich hierbei den die Ausstellung eines Erbscheines betreffenden Vorschriften des §. 2356 Abs. 1, 3 des Bürgerlichen Gesetzbuchs an.

Im Interesse der Rechtssicherheit schreibt weiter der §. 30 vor, daß Erklärungen, durch die ein Eintragungsantrag oder eine zur Stellung des Eintragungsantrags ertheilte Vollmacht widerrufen wird, in der im §. 28 Satz 1 vorgeschriebenen Form abgegeben werden sollen.

Nachweis der Befugniß zur Vertretung von Gesellschaften u. s. w.

Besondere dem §. 26 Abs. 2 des Gesetzes, betreffend die Erwerbs- und Wirthschaftsgenossenschaften, vom 1. Mai 1889 (Reichs-Gesetzbl. S. 55) und dem §. 69 des Bürgerlichen Gesetzbuchs nachgebildete Bestimmungen sind in den §§. 31 bis 33 getroffen. Danach können gewisse in ein öffentliches Register eingetragene Verhältnisse (Befugniß zur Vertretung von Gesellschaften, güterrechtliche Verhältnisse zwischen Ehegatten) dem Grundbuchamte gegenüber durch ein Zeugniß des Registergerichts über die Eintragung oder, falls das Grundbuchamt zugleich das Registergericht ist, durch die Bezugnahme auf das Register nachgewiesen werden. In §. 31 des Entwurfs sind nach dem Vorbilde des §. 69 des Bürgerlichen Gesetzbuchs neben dem Vorstande der Gesellschaft die Liquidatoren nicht besonders erwähnt. Aus der Rechtsstellung der letzteren ergiebt sich aber ohne Weiteres, daß, wie der §. 69 des Bürgerlichen Gesetzbuchs, so auch der §. 31 des Entwurfs hinsichtlich der Liquidatoren entsprechende Anwendung zu finden hat.

Erbfolge; fortgesetzte Gütergemeinschaft; Testamentsvollstreckung.

Nach der Vorschrift des §. 34 Abs. 1 soll die Erbfolge auf Grund eines Erbscheins als nachgewiesen angenommen werden, und zwar ist für die gesetzliche Erbfolge eine andere Art des Nachweises ausgeschlossen. Das Grundbuchamt wird auf diese Weise einer nicht selten schwierigen und zeitraubenden Prüfung überhoben. Dem gleichen Zwecke dient es, wenn der §. 34 Abs. 2 weiter vorschreibt, daß das Bestehen der fortgesetzten Gütergemeinschaft sowie die Befugniß eines Testamentsvollstreckers zur Verfügung über einen Nachlaßgegenstand nur auf Grund der in den §§. 1507, 2368 des Bürgerlichen Gesetzbuchs vorgesehenen Zeugnisse als nachgewiesen anzunehmen ist. Was die Erbfolge auf Grund einer Verfügnng von Todeswegen betrifft, so kann sie gleichfalls durch Vorlegung eines Erbscheins (§§. 2353, 2355 des Bürgerlichen Gesetzbuchs) nachgewiesen werden. An Stelle des Erbscheins soll aber, falls die Verfügung in einer öffentlichen Urkunde enthalten ist, nach §. 34 Abs. 1 Satz 2 regelmäßig die Vorlegung der Verfügung und des Protokolls über die Eröffnung (§§. 2260, 2273, 2300) genügen. In einzelnen Fällen kann allerdings die Prüfung von Testamenten und Erbverträgen nach Lage der Sache, z. B. wenn die Erbfolge nach ausländischem Rechte zu beurtheilen ist, zu besonderen Schwierigkeiten Anlaß geben. Mit Rücksicht hierauf gewährt der Entwurf dem Grundbuchamte, falls es die Erbfolge durch jene Urkunden nicht für nachgewiesen erachtet, die Befugniß, auch hier die Vorlegung eines Erbscheins zu verlangen. Diese Regelung entspricht im Wesentlichen der Mehrzahl der geltenden Gesetze, insbesondere dem preußischen Rechte.

Erbauseinandersetzung.

Wird bei einer Erbauseinandersetzung eine zum Nachlasse gehörende Hypothek, Grundschuld oder Rentenschuld einem von mehreren Erben überwiesen, so liegt es im Interesse aller Betheiligten, daß der Nachweis der für die Eintragung des neuen Gläubigers erforderlichen Voraussetzungen thunlichst erleichtert werde. Im Anschluß an die Preußische Grundbuchordnung (§. 40) bestimmt daher der Entwurf (§. 35 Abs. 1), daß in dem bezeichneten Falle zum Nachweise der Erbfolge und der Eintragungsbewilligung der Erben ein Zeugniß des Nachlaßgerichts genügen soll. Das Zeugniß darf aber nur ausgestellt werden, wenn die Voraussetzungen für die Ertheilung eines Erbscheins vorliegen und, entsprechend der Vorschrift des §. 28 Satz 1, die zur Eintragung erforderlichen Erklärungen vor dem Nachlaßgerichte zu Protokoll gegeben oder durch öffentliche oder öffentlich beglaubigte Urkunden nachgewiesen sind (§. 35 Abs. 2).

Das Bedürfniß eines erleichterten Nachweises ergiebt sich auch dann, wenn eine Hypothek, Grundschuld oder Rentenschuld, die zu dem Gesammtgut einer ehelichen Gütergemeinschaft oder einer fortgesetzten Gütergemeinschaft gehört, bei der Auseinandersetzung auf einen der Betheiligten übertragen wird. Der §. 36 läßt deshalb auf diese Fälle die Vorschriften des §. 35 entsprechende Anwendung finden.

Nach dem Art. 143 Abs. 1 des Einführungsgesetzes zum Bürgerlichen Gesetzbuch kann für die Fälle, in denen es sich darum handelt, ein zum Nachlaß oder zu dem Gesammtgut einer ehelichen Gütergemeinschaft oder einer fortgesetzten Gütergemeinschaft gehörendes Grundstück oder Erbbaurecht auf einen von mehreren Erben als Eigenthümer oder als Erbbauberechtigten zu übertragen, die Landesgesetzgebung bestimmen, daß die erforderliche Auflassungserklärung vor dem Nachlaßgericht erfolgen darf. Im Zusammenhang hiermit gewährt der §. 97 der Landesgesetzgebung die Möglichkeit, vorzusehen, daß in den bezeichneten Fällen zum Nachweise der Erbfolge und der Auflassungserklärungen der Erben ein Zeugniß des Nachlaßgerichts genügt.

Eintragung auf Ersuchen von Behörden.

Durch reichs- oder landesgesetzliche Vorschrift wird vielfach bestimmten Behörden die Befugniß beigelegt, das Grundbuchamt um eine Eintragung zu ersuchen. Für die Landesgesetzgebung kommt hier namentlich das Gebiet des öffentlichen Rechtes in Betracht, desgleichen das Gebiet der freiwilligen Gerichtsbarkeit, soweit nicht die letztere durch Reichsgesetz geregelt werden wird. Nach §. 37 des Entwurfs hat in den bezeichneten Fällen die Eintragung auf Grund des Ersuchens der Behörde zu erfolgen, sofern dieses Ersuchen den Erfordernissen der betreffenden gesetzlichen Vorschriften entspricht. Aus der Fassung der Bestimmung ergiebt sich, daß das Ersuchen der Behörde den Antrag (§. 12), die Eintragungsbewilligung (§. 18) sowie die sonst etwa zur Eintragung erforderlichen Erklärungen Dritter ersetzt. Dagegen müssen die übrigen allgemeinen Voraussetzungen der Eintragung (vergl. §§. 5, 6, 15 bis 17, 27, 38, 46) auch bei dem Ersuchen einer Behörde gegeben sein.

Vorgängige Eintragung des Berechtigten.

Für die Buchführung besteht schon jetzt die Regel, daß eine Eintragung nur erfolgen darf, wenn derjenige, dessen Recht geändert werden soll, selbst als der Berechtigte eingetragen ist. Nach dem Bürgerlichen Gesetzbuch ist freilich die Eintragung des Berechtigten kein Erforderniß der Rechtsänderung (vergl. §§. 873, 875, 877). Allein die Regel ist daselbst doch als Ordnungsvorschrift vorausgesetzt, um einerseits dem Grundbuchamte die Legitimationsprüfung zu erleichtern, andererseits den eingetragenen Berechtigten dagegen zu sichern, daß ungeachtet der gemäß §. 891 des Bürgerlichen Gesetzbuchs mit der Eintragung verbundenen Vermuthung ein Anderer unbefugterweise über das Recht verfügt. Der Entwurf (§. 38 Abs. 1) hält es deshalb für geboten, die Eintragung davon abhängig zu machen, daß derjenige, dessen Recht durch sie betroffen wird, als der Berechtigte eingetragen ist.

Für denjenigen, dem der nichteingetragene Berechtigte die Eintragung einer Rechtsänderung bewilligt hat, kann aus dieser Regelung allerdings eine gewisse Unbequemlichkeit sich ergeben, da gegebenenfalls der Berechtigte zur Herbeiführung seiner Eintragung im Rechtswege gezwungen werden muß. Hierauf ist aber um so weniger Gewicht zu legen, als die Verwirklichung des Anspruchs auf Eintragung durch eine entsprechende Ergänzung der Civilprozeßordnung erheblich erleichtert werden wird. Die nach der Anl. I in die Prozeßordnung einzustellenden §§. 700a, 779b gewähren dem Gläubiger die Befugniß, an Stelle des Schuldners die Ertheilung eines Erbscheins oder einer anderen Urkunde zu verlangen, die dem Schuldner auf Antrag von einer Behörde, einem Beamten oder einem Notar zu ertheilen ist; Voraussetzung ist, daß der Gläubiger dieser Urkunden zum Zwecke der Zwangsvollstreckung oder zur Herbeiführung einer Eintragung bedarf, die auf Grund eines die Willenserklärung des Schuldners ersetzenden Urtheils vorgenommen werden soll. Soweit es sich darum handelt, den Widerstand des Dritten, der als Berechtigter im Grundbuch eingetragen ist, zu beseitigen, ist der Gläubiger in der Lage, gemäß §. 231 der Civilprozeßordnung die Feststellungsklage gegen den Dritten dahin zu erheben, daß nicht dieser, sondern der Schuldner der Berechtigte sei; mit Hülfe des das Recht des Schuldners feststellenden Urtheils wird dann die Berichtigung des Grundbuchs nach §. 13 des Entwurfs zu erwirken sein. Außerdem kann der Gläubiger, welcher auf Grund eines vollstreckbaren Titels eine Sicherungshypothek eintragen lassen will, die Eintragung des Schuldners dadurch erreichen, daß er sich den Berichtigungsanspruch überweisen läßt, der dem Schuldner gegen den Dritten zusteht, welcher als Berechtigter im Grundbuch eingetragen ist.

Die Vorschrift des §. 38 Abs. 1 gilt übrigens nicht blos für den Fall einer Rechtsänderung, sondern trifft auch dann zu, wenn zum Zwecke der Berichtigung des Grundbuchs eine Eintragung erfolgen soll. Nach §. 895 des Bürgerlichen Gesetzbuchs ist derjenige, dessen Recht von der Berichtigung betroffen wird, auf Verlangen des durch die Unrichtigkeit des Grundbuchs Beeinträchtigten verpflichtet, sein Recht eintragen zu lassen. Die Rechtslage ist daher hier dieselbe, wie in dem Falle, daß der nicht eingetragene Berechtigte eine Rechtsänderung bewilligt hat, und dem Beeinträchtigten müssen folgeweise zur Durchführung seines Anspruchs die oben bezeichneten Rechtsbehelfe gleichfalls zustehen.

Ist das Recht, welches von der Eintragung betroffen wird, eine Hypothek, Grundschuld oder Rentenschuld, über die ein Brief ertheilt ist, so bedarf es nach §. 38 Abs. 2 der vorgängigen Eintragung des Gläubigers nicht, wenn dieser sich im Besitze des Briefes befindet und sein Gläubigerrecht gemäß §. 1155 des Bürgerlichen Gesetzbuchs durch eine zusammenhängende, auf einen eingetragenen Gläubiger zurückführende Reihe von öffentlich beglaubigten Abtretungserklärungen nachweist. Diese Ausnahme von der Regel des §. 38 Abs. 1 rechtfertigt sich durch die Erwägungen, auf denen die Vorschrift des §. 1155 beruht.

Zu Gunsten des Erben eines eingetragenen Berechtigten wird sodann im §. 39 bestimmt, daß die vorgängige Eintragung des Erben nicht erforderlich ist, wenn die Uebertragung oder die Aufhebung eines für den Erblasser eingetragenen Rechts eingetragen werden soll. Die Eintragung des Erben ist hier weder zur Vereinfachung der Buchführung noch durch die Interessen Dritter geboten; sie würde den Erben nur mit zwecklosen Kosten belasten. Auch dann sieht der Entwurf (§. 39) von der vorgängigen Eintragung des Erben ab, wenn der Eintragungsantrag durch die Bewilligung des eingetragenen Erblassers oder eines Nachlaßpflegers oder durch einen gegen den Erblasser oder den Nachlaßpfleger vollstreckbaren Titel begründet wird. Diese Abweichung von der Regel des §. 38 Abs. 1 erleichtert in den Fällen, in denen aus irgend einem Grunde die Person des Erben noch nicht feststeht, die Lage desjenigen, welcher zu einer Eintragung berechtigt ist. Andererseits erscheint die Ausnahme unbedenklich, weil jedenfalls der Erbe die Erklärung des Erblassers oder des Nachlaßpflegers sowie den gegen den Erblasser oder den Nachlaßpfleger vollstreckbaren Titel gegen sich gelten lassen muß. Als Nachlaßpfleger ist nach §. 1975 des Bürgerlichen Gesetzbuchs auch der Nachlaßverwalter anzusehen. Durch die Vorschrift des §. 39 Abs. 2 wird ferner dem Nachlaßpfleger der Testamentsvollstrecker gleichgestellt, jedoch nur für den Fall, daß die Bewilligung des Testamentsvollstreckers oder der gegen ihn vollstreckbare Titel gegen den Erben wirksam ist; diese Beschränkung rechtfertigt sich dadurch, daß der Testamentsvollstrecker nur unter gewissen Voraussetzungen und innerhalb gewisser Grenzen über den Nachlaß verfügen kann (vergl. §§. 2205 bis 2209, 2213 des Bürgerlichen Gesetzbuchs).

Vorlegung des Hypotheken-, Grundschuld- und Rentenschuldbriefes.

Bei denjenigen Hypotheken, Grundschulden und Rentenschulden, über die ein Brief ertheilt ist, giebt das Grundbuch darüber, wer der zeitige Gläubiger ist, keine sichere Auskunft, da das Recht außerhalb des Buches von Hand zu Hand gehen kann. Der Nachweis des Gläubigerrechts wird vielmehr im Falle des §. 1154 Abs. 1 des Bürgerlichen Gesetzbuchs (vergl. auch §. 1155) durch den Besitz des Briefes in Verbindung mit den auf einen eingetragenen Gläubiger zurückführenden Uebertragungsurkunden, im Falle des §. 1154 Abs. 2 des Bürgerlichen Gesetzbuchs durch den Besitz des Briefes in Verbindung mit der Eintragung des Gläubigers erbracht. Hiernach ist es im Interesse der Sicherheit des Verkehrs geboten, die Vornahme einer jene Rechte betreffenden Eintragung, gleichviel ob sie von dem Gläubiger bewilligt ist oder ob sie im Wege des rechtlichen Zwanges gegen den Gläubiger ohne seinen Willen erfolgen soll, von der Vorlegung des Briefes abhängig zu machen (§. 40 Abs. 1 Satz 1, §. 41 Satz 1).

Ersatz des Briefes durch ein Ausschlußurtheil.

Ist der Brief für kraftlos erklärt (§. 1162 des Bürgerlichen Gesetzbuchs) oder durch ein gegen den Gläubiger erlassenes Ausschlußurtheil kraftlos geworden (§§. 1170, 1171 daselbst), so erscheint es zur Vermeidung von Weiterungen angezeigt, die Eintragung schon dann zu gestatten, wenn auf Grund des Ausschlußurtheils die Ertheilung eines neuen Briefes beantragt wird; soll die Ertheilung des Briefes nachträglich ausgeschlossen oder das Recht gelöscht werden, so genügt die einfache Vorlegung des Ausschlußurtheils (§. 40 Abs. 2, §. 41 Satz 1).

Ausnahme bei Eintragung eines Widerspruchs.

Das preußische Recht (§. 88, §. 91 Abs. 2 der Grundbuchordnung; §. 60 des Gesetzes über den Eigenthumserwerb vom 5. Mai 1872) hält an der Regel, wonach bei einer Hypothek oder Grundschuld eine Eintragung nur erfolgen soll, wenn der Brief vorgelegt wird, auch für den Fall fest, daß durch eine einstweilige Verfügung die Eintragung des Widerspruchs angeordnet ist. In einem solchen Falle muß jedoch die Rücksicht auf die Verkehrssicherheit gegenüber dem Interesse des Widersprechenden wenigstens dann zurücktreten, wenn der Widerspruch sich darauf gründet, daß die Hypothek oder die Forderung, für welche sie bestellt ist, die Grundschuld oder die Rentenschuld nicht bestehe oder einer Einrede unterliege oder daß das Recht, seinem Inhalt oder Range nach, unrichtig eingetragen sei (§. 40 Abs. 1 Satz 2, §. 41 Satz 1). Wollte man hier die Eintragung des Widerspruchs von der Vorlegung des Briefes abhängig machen, so würde es dem Widersprechenden vielfach geradezu unmöglich sein, zu einer Eintragung zu gelangen, der Zweck der einstweiligen Verfügung mithin vereitelt werden. Die Bedeutung, die dem Briefe nach den §§. 1154, 1155 des Bürgerlichen Gesetzbuchs als Mittel der Uebertragung des Rechtes im Verkehre zukommt, bleibt ausreichend gewahrt, wenn der Brief in allen Fällen vorzulegen ist, in denen der Widerspruch, der den Gegenstand der einstweiligen Verfügung bildet, dahin geht, daß mittelst des Widerspruchs die Uebertragung des Rechtes auf den Besitzer des Briefes bestritten oder eine dem Besitzer entgegenstehende Verfügungsbeschränkung der im §. 892 Abs. 1 bezeichneten Art geltend gemacht wird. Um aber auch für die Fälle, in welchen zum Zwecke der Eintragung des Widerspruchs der Brief nicht vorgelegt zu werden braucht, Täuschungen im Verkehre thunlichst zu verhüten, bestimmt der §. 60 Abs. 2 des Entwurfs, daß das Grundbuchamt den Besitzer des Briefes zur nachträglichen Vorlegung behufs Vermerkung des Widerspruchs anzuhalten hat.

Ausnahme bei der Eintragungsbewilligung eines nach §. 1189 B. G.-B. bestellten Vertreters.

Eine weitere Ausnahme von dem Erfordernisse der Vorlegung des Briefes ergiebt sich für Grundschulden und Rentenschulden aus den Vorschriften der §§. 1189, 1195 des Bürgerlichen Gesetzbuchs. Ist nach Maßgabe dieser Vorschriften die Grundschuld oder Rentenschuld für den Inhaber des Briefes eingetragen und für den jeweiligen Gläubiger ein Vertreter bestellt, so kann dieser innerhalb der bei seiner Bestellung bestimmten Grenzen mit Wirkung für und gegen jeden späteren Gläubiger über das Recht verfügen, also gegebenenfalls auch Eintragungen in das Grundbuch bewilligen. Der Entwurf (§. 41 Satz 2) nimmt hierauf durch die Bestimmungen Rücksicht, daß es der Vorlegung des Briefes nicht bedarf, wenn der Eintragungsantrag durch die Bewilligung des Vertreters oder durch eine gegen ihn ergangene gerichtliche Entscheidung begründet wird.

Vorlegung der Schuldverschreibung auf den Inhaber.

Die Gründe, die bei der gewöhnlichen Hypothek, der Grundschuld und Rentenschuld die Vorlegung des Briefes erheischen, führen bei der Hypothek für die Forderung aus einer Schuldverschreibung auf den Inhaber, aus einem Wechsel oder aus einem anderen Papiere, das durch Indossament übertragen werden kann, zu der Bestimmung, daß eine Eintragung nur erfolgen darf, wenn die Urkunde vorgelegt wird (§. 42 Abs. 1). Da eine Hypothek dieser Art stets eine Sicherungshypothek ist, so wird ein Brief über sie nicht ertheilt (§§. 1185, 1187 des Bürgerlichen Gesetzbuchs); die Schuldurkunde hat aber im Verkehre die Bedeutung des Briefes, da sich die Uebertragung des Rechtes auch hier ohne eine Eintragung in das Grundbuch vollzieht. Durch diese Bedeutung der Schuldurkunde rechtfertigt sich auch die weitere Bestimmung der §. 42 Abs. 1, derzufolge die Eintragung auf der Urkunde zu vermerken ist (vergl. §. 60). Entsprechend der Vorschrift des §. 41 Satz 2 braucht jedoch nach §. 42 Abs. 2 die Schuldurkunde nicht vorgelegt zu werden, wenn eine Eintragung auf Grund der Bewilligung eines nach §. 1189 des Bürgerlichen Gesetzbuchs bestellten Vertreters oder auf Grund einer gegen diesen erlassenen gerichtlichen Entscheidung bewirkt werden soll. Daß die Vorlegung der Schuldurkunde auch dann nicht erforderlich ist, wenn ihre Vernichtung bewiesen oder wenn sie für kraftlos erklärt ist, bedarf keiner besonderen Hervorhebung.

Bewirkung der Eintragung. Unterschrift und Datum.

Jede Eintragung soll nach §. 43 den Tag, an welchem sie erfolgt ist, angeben und mit der Unterschrift des Grundbuchbeamten versehen werden. Diese Vorschrift, die sich in der Hauptsache den geltenden Gesetzen (Preußische Grundbuchordnung §. 44; Sächsische Hypothekenordnung vom 9. Juni 1865 §. 9) anschließt, ist theils durch die Rücksicht auf die Sicherheit der Buchführung, theils durch die Grundsätze des Bürgerlichen Gesetzbuchs über das Rangverhältniß der eingetragenen Rechte geboten. Die nähere Regelung ist Sache des Landesrechts. Dasselbe kann insbesondere bestimmen, daß für die Eintragungen die Unterschrift mehrerer Grundbuchbeamten oder die Unterschrift eines Grundbuchbeamten und eines anderen Beamten (Buchführers) erforderlich ist.

Reihenfolge mehrerer Eintragungen, Vermerk über den Rang.

Nach dem §. 879 des Gesetzbuchs ist für das Rangverhältniß unter mehreren Rechten, mit denen ein Grundstück belastet ist, die Reihenfolge der Eintragungen und, falls die Rechte in verschiedenen Abtheilungen des Grundbuchs eingetragen sind, die Angabe des Tages der Eintragung maßgebend. Im Anschluß an diese Vorschriften des bürgerlichen Rechtes liegt es der Grundbuchordnung ob, bei dem Zusammentreffen mehrerer, auf dasselbe Grundbuchblatt bezüglicher Eintragungsanträge das Verfahren so zu ordnen, daß sich für die Eintragungen, wenn die Anträge nach einander gestellt sind, das der Zeitfolge der Anträge entsprechende Rangverhältniß, bei Gleichzeitigkeit der Anträge aber gleicher Rang aus dem Grundbuch ergiebt. Dies führt hinsichtlich der Eintragungen, welche in derselben Abtheilung des Grundbuchs zu erfolgen haben, zu der im §. 44 Abs. 1 vorgesehenen Regelung; wenn danach bei den Eintragungen, welche gleichzeitig beantragt sind, vermerkt werden soll, daß sie gleichen Rang haben, so ist ein solcher Vermerk erforderlich gegenüber der Vorschrift des §. 879 Abs. 1 Satz 1 des Bürgerlichen Gesetzbuchs, derzufolge innerhalb derselben Abtheilung die räumliche Aufeinanderfolge der Eintragungen das Rangverhältniß bestimmt. Unter mehreren ein Grundstück belastenden Rechten, die in verschiedenen Abtheilungen des Grundbuchs eingetragen sind, hat nach §. 879 Abs. 1 Satz 2 das unter Angabe eines früheren Tages eingetragene Recht den Vorrang; Rechte, die unter Angabe desselben Tages eingetragen sind, haben gleichen Rang. Hier besteht daher ein Bedürfniß für einen besonderen das Rangverhältniß ersichtlich machenden Vermerk nur dann, wenn mehrere Eintragungen, die nicht gleichzeitig beantragt sind, unter Angabe desselben Tages bewirkt werden sollen; der §. 44 Abs. 2 enthält eine dahin gehende Vorschrift.

Das zeitliche Verhältniß der Anträge kommt für die Eintragungen insoweit nicht in Betracht, als das Rangverhältniß von den Antragstellern abweichend bestimmt ist (vergl. §. 879 Abs. 3 des Bürgerlichen Gesetzbuchs) oder ein Rangverhältniß unter den mehreren Eintragungen nicht besteht (§. 44 Abs. 3).

Die Vorschriften des §. 44 gelten übrigens, wie die Fassung ergiebt, nicht nur für den im §. 879 des Bürgerlichen Gesetzbuchs allein berücksichtigten Fall, daß mehrere ein Grundstück belastende Rechte eingetragen werden sollen, sondern auch für sonstige Eintragungen, insbesondere für Vormerkungen und Verfügungsbeschränkungen.

Löschung und Nichtübertragung einer Eintragung.

Wenngleich der Entwurf im §. 1 Abs. 2 die nähere Einrichtung des Grundbuchs, mithin auch die äußere Form der Eintragungen grundsätzlich den Anordnungen der Landesjustizverwaltungen vorbehalten hat, so erscheint es doch zweckmäßig, reichsgesetzlich zu bestimmen, daß die Löschung, gleichviel ob sie zur Aufhebung eines Rechtes (§. 875 des Bürgerlichen Gesetzbuchs) oder zur Berichtigung des Grundbuchs (§. 894 daselbst) dienen soll, durch Eintragung eines Löschungsvermerks zu erfolgen hat, bloßes Durchstreichen oder Unterstreichen des Eintragungsvermerks also nicht genügt (§. 45 Abs. 1). Den Landesjustizverwaltungen bleibt es aber unbenommen, anzuordnen, daß neben dem Löschungsvermerke die Löschung noch in anderer Weise, z. B. durch Unterstreichen oder Durchstreichen, ersichtlich gemacht werden soll.

Der allgemeinen Vorschrift des §. 3 entspricht es, wenn der §. 45 Abs. 2 bestimmt, daß ein eingetragenes Recht, welches bei der Uebertragung eines Grundstücks oder eines Grundstückstheils auf ein anderes Blatt nicht mitübertragen wird, in Ansehung des Grundstücks oder des Theiles als gelöscht gilt. Diese Wirkung tritt auch dann ein, wenn die Mitübertragung des Rechtes aus Versehen unterblieben sein sollte. Aehnliche Bestimmungen finden sich bereits im geltenden Rechte (Grundbuchordnung für Preußen §§. 65 ff., für Oldenburg §§. 52 ff.).

Eintragung gemeinschaftlicher Rechte.

Steht ein Recht Mehreren zu, so liegt entweder eine Gemeinschaft nach Bruchtheilen vor (§§. 741 ff. des Bürgerlichen Gesetzbuchs) oder eine Gemeinschaft zur gesammten Hand. Die Grundsäze der letzteren Rechtsgemeinschaft hat das Bürgerliche

Gesetzbuch auf das Gesellschaftsvermögen, das Gesammtgut der ehelichen Gütergemeinschaft in ihren verschiedenen Gestaltungen, das Gesammtgut der fortgesetzten Gütergemeinschaft, sowie auf das Verhältniß der Miterben zur Anwendung gebracht. Bei einer Gemeinschaft nach Bruchtheilen kann jeder Theilhaber über seinen Antheil an dem gemeinschaftlichen Gegenstande verfügen, in den Fällen der Gemeinschaft zur gesammten Hand ist dagegen eine Verfügung über den Antheil an einzelnen zu dem gemeinschaftlichen Vermögen gehörenden Gegenständen ausgeschlossen (§§. 719, 747, 1442, 1487, §. 2033 Abs. 2 des Bürgerlichen Gesetzbuchs). Diese Verschiedenheit der Gestaltung und die Bestimmung des Grundbuchs, über die dinglichen Rechtsverhältnisse eines Grundstücks sichere Auskunft zu ertheilen, müssen dahin führen, die Eintragung eines gemeinschaftlichen Rechtes nur in der Weise zu gestatten, daß entweder die Antheile der Berechtigten in Bruchtheilen angegeben werden oder das für die Gemeinschaft maßgebende Rechtsverhältniß bezeichnet wird (§. 46).

Angabe der Mitbelastung.

Sind mehrere Grundstücke mit derselben Hypothek, Grundschuld oder Rentenschuld belastet, so liegt es im Interesse des Eigenthümers sowie aller derjenigen, welche gleichstehende oder nachstehende Rechte an den Grundstücken oder einzelnen derselben haben, die Mitbelastung im Grundbuch ersichtlich zu machen; insbesondere kommt hierfür in Betracht, daß die Belastung des einen Grundstücks wegfällt, wenn der Gläubiger aus dem anderen Grundstücke befriedigt wird (§. 1181 Abs. 2 des Bürgerlichen Gesetzbuchs). Der Entwurf (§. 47 Abs. 1) bestimmt daher, daß auf dem Blatte jedes Grundstücks die Mitbelastung der übrigen von Amtswegen erkennbar zu machen ist. Dabei begründet es keinen Unterschied, ob die Mitbelastung durch gleichzeitige Belastung der mehreren Grundstücke oder durch nachträgliche Belastung eines der Grundstücke oder dadurch entstanden ist, daß bei der Uebertragung eines Grundstückstheils auf ein anderes Grundbuchblatt ein eingetragenes Recht mitübertragen wird. Der Fall der Uebertragung eines mitbelasteten Grundstücks von einem gemeinschaftlichen Blatte (vergl. §. 4) auf ein anderes Grundbuchblatt ist im Entwurf nicht besonders hervorgehoben, weil sich hier die Mitbelastung des Grundstücks schon aus der Fassung des auf das neue Blatt mitübertragenen Eintragungsvermerkes ergiebt, während auf dem bisher gemeinschaftlichen Blatte die Abschreibung des übertragenen Grundstücks auch dessen

Mithaftung ersichtlich macht. Wie in den Fällen des §. 47 Abs. 1 auf dem Blatte jedes Grundstücks die Mitbelastung der übrigen kenntlich zu machen ist, hängt mit der Einrichtung und der Führung der Grundbücher zusammen und fällt daher der Regelung durch das Landesrecht anheim.

Soweit eine Mitbelastung erlischt, soll dies, um die Richtigkeit des Grundbuchs sicherzustellen, von Amtswegen vermerkt werden (§. 47 Abs. 2).

Die Vorschrift des §. 47 bezieht sich übrigens nicht nur auf Hypotheken, Grundschulden und Rentenschulden, sondern auch auf eingetragene Rechte anderer Art, soweit bezüglich ihrer eine Gesammtbelastung mehrerer Grundstücke überhaupt vorkommen kann.

Eintragung eines Leibgedinges.

Für die Fälle, in denen Dienstbarkeiten und Reallasten als Leibgedinge, Leibzucht, Altentheil oder Auszug gebucht werden sollen, gewährt der §. 48 die Erleichterung, daß bei der Eintragung nicht nur zur näheren Bezeichnung des Inhalts jener Dienstbarkeiten und Reallasten (vergl. §. 874 des Bürgerlichen Gesetzbuchs), sondern auch zur Bezeichnung der einzelnen unter dem Gesammtnamen „Leibgedinge" u. s. w. begriffenen Rechte selbst die Bezugnahme auf die Eintragungsbewilligung gestattet sein soll. Aehnliche einer Ueberfüllung der Grundbücher vorbeugende Bestimmungen finden sich schon in den bisherigen Gesetzen (Grundbuchordnung für Preußen §. 76, Oldenburg §. 61, Braunschweig §. 32 Abs. 2; Sächsische Hypothekenordnung vom 9. Januar 1865 §§. 150, 152).

Eintragung von Inhaber-Theilhypotheken und -Grundschulden.

Der §. 49 Abs. 1 des Entwurfs regelt das Verfahren bei der Eintragung einer Hypothek für Theilschuldverschreibungen auf den Inhaber. Die §§. 1115, 1187 des Bürgerlichen Gesetzbuchs könnten unter Umständen zu der Auffassung Anlaß geben, es müsse für die Forderung aus jeder einzelnen Theilschuldverschreibung eine besondere Hypothek eingetragen werden. Der Entwurf erklärt es aber, dem praktischen Bedürfniß entsprechend, für genügend, wenn der Gesammtbetrag der Hypothek unter Angabe der Anzahl, des Betrags und der Bezeichnung der Theile eingetragen wird. Einen Vorgang hat diese Bestimmung in dem §. 20 des Preußischen Gesetzes, betreffend das Pfandrecht an Privateisenbahnen, vom 19. August 1895. Sie ergänzt den

§. 1115, soweit er die Angabe des Geldbetrages der Forderung anlangt, läßt ihn aber im Uebrigen unberührt. Durch den Abs. 2 des §. 49 wird die Vorschrift des Abs. 1 auf den Fall ausgedehnt, daß eine Grundschuld oder eine Rentenschuld für den Inhaber des Briefes eingetragen und das Recht in Theile zerlegt werden soll.

Eintragung eines Vorerben.

Nach §. 2113 Abs. 1, 3 und §. 2114 des Bürgerlichen Gesetzbuchs ist der Vorerbe zum Schutze der Rechte des Nacherben in der Verfügung über ein zur Erbschaft gehörendes Grundstück und über ein zur Erbschaft gehörendes Recht an einem Grundstücke beschränkt. Der Zweck dieser Beschränkung bringt es mit sich, sie im Grundbuche für Dritte erkennbar zu machen und dadurch den Nacherben gegenüber den aus dem öffentlichen Glauben des Grundbuchs sich ergebenden Gefahren zu sichern. Der Entwurf (§ 50) schreibt daher vor, daß bei der Eintragung eines Vorerben zugleich das Recht des Nacherben und, soweit der Vorerbe von den Beschränkungen seines Verfügungsrechts befreit ist (§§. 2136, 2137 des Bürgerlichen Gesetzbuchs), auch die Befreiung von Amtswegen einzutragen ist Wird die Erbfolge auf Grund eines Erbscheins oder einer Verfügung von Todeswegen eingetragen, so versteht es sich von selbst, daß auch die Eintragung der Befreiung des Vorerben von Amtswegen lediglich insoweit stattzufinden hat, als diese sich aus dem Erbscheine §. 2363 des Bürgerlichen Gesetzbuchs) oder der vorgelegten Verfügung von Todeswegen ergiebt. Für die Eintragung anderer Befreiungen bleibt gemäß §. 12 das Erforderniß des Antrags maßgebend.

Vermerk über Testamentsvollstreckung.

Auf ähnlichen Erwägungen beruht die Vorschrift des §. 51, derzufolge im Falle der Ernennung eines Testamentsvollstreckers diese bei der Eintragung des Erben von Amtswegen mit einzutragen ist. Da übrigens nach §. 2211 des Bürgerlichen Gesetzbuchs das Verfügungsrecht des Erben nur insoweit ausgeschlossen ist, als die Verwaltungsbefugniß des Testamentsvollstreckers reicht, so findet die Bestimmung keine Anwendung bei Nachlaßgegenständen, die der Verwaltung des Testamentsvollstreckers nicht unterliegen. Die Grundlage für die im §. 51 angeordnete Eintragung bildet neben dem Erbschein das dem Testamentsvollstrecker über seine Ernennung vom Nachlaßgericht zu ertheilende Zeugniß (§. 2368 des Bürgerlichen Gesetzbuchs).

Berichtigung ungerechtfertigter Eintragungen von Amtswegen.

Hat das Grundbuchamt, ohne seinerseits gesetzliche Vorschriften zu verletzen, z. B. auf Grund eines sachlich nicht zutreffenden Erbscheins, eine Eintragung vorgenommen, durch die das Grundbuch unrichtig geworden ist, so kann es den Betheiligten überlassen bleiben, nach §. 899 des Bürgerlichen Gesetzbuchs die Eintragung eines Widerspruchs herbeizuführen. Anders verhält es sich, wenn das Grundbuchamt durch die Vornahme der Eintragung seinerseits gesetzliche Vorschriften verletzt hat. Hier begründet das Versehen einen Schadensersatzanspruch der Betheiligten. Für diesen Fall legt daher der Entwurf (§. 52 Abs 1 Satz 1) dem Grundbuchamte das Recht und die Pflicht bei, von Amtswegen einen Widerspruch einzutragen. Soll der Widerspruch bei einer Hypothek, einer Grundschuld oder einer Rentenschuld eingetragen werden, so ist, mit der aus §. 40 Abs. 1 Satz 2 und §. 41 sich ergebenden Beschränkung (§. 52 Abs. 2), die Vorlegung des Briefes erforderlich. Nach §. 60 Abs. 2 Satz 1 ist das Grundbuchamt in der Lage, diese Vorlegung herbeizuführen.

Erweist sich eine Eintragung ihrem Inhalte nach als unzulässig, ist z. B. ein Recht eingetragen, das an einem Grundstück überhaupt nicht begründet werden kann, so kann aus einer solchen Eintragung zwar kein Nachtheil erwachsen, weil sich der öffentliche Glaube des Grundbuchs auf sie nicht erstreckt. Es liegt aber im allgemeinen Interesse, daß die Bedeutungslosigkeit der Eintragung durch das Grundbuch selbst besonders ersichtlich gemacht wird. Der Entwurf (§. 52 Abs. 1 Satz 2) weist daher das Grundbuchamt an, die Eintragung von Amtswegen zu löschen.

Benachrichtung der Betheiligten.

Die Vorschrift des §. 53 Satz 1, derzufolge jede Eintragung dem Antragsteller und dem eingetragenen Eigenthümer, sowie im Uebrigen allen aus dem Grundbuch ersichtlichen Personen bekannt gemacht werden soll, zu deren Gunsten die Eintragung erfolgt ist oder deren Recht durch sie betroffen wird, stimmt im Wesentlichen mit den geltenden Gesetzen, insbesondere mit dem §. 121 der Preußischen Grundbuchordnung, überein. Der §. 53 Satz 2 bestimmt zur Beseitigung von Zweifeln ausdrücklich, daß auf die Bekanntmachung verzichtet werden kann.

Dritter Abschnitt.

Hypotheken-, Grundschuld-, Rentenschuldbrief.

Hypothekenbrief. Ertheilung.

Die ausschließliche Zuständigkeit des Grundbuchamts für die Ertheilung eines Hypothekenbriefes ergiebt sich streng genommen schon aus §. 1117 Abs. 2 des Bürgerlichen Gesetzbuchs. Gegenüber dem §. 59 des Entwurfs aber, nach welchem ein Theilhypothekenbrief auch von einem Gericht oder einem Notar hergestellt werden kann, empfiehlt es sich, die Zuständigkeitsfrage in der Grundbuchordnung ausdrücklich zu entscheiden (§. 54 Satz 1).

Was die Erfordernisse des Hypothekenbriefs betrifft, so hat der Entwurf der Deutlichkeit halber die wesentlichen von den nicht wesentlichen geschieden. Erhebliche praktische Bedeutung wird diese Unterscheidung voraussichtlich nicht erlangen, da sich erwarten läßt, daß in den einzelnen Bundesstaaten für die Hypothekenbriefe Formulare eingeführt werden, die allen Erfordernissen, auch den nicht wesentlichen, entsprechen. Mit Rücksicht hierauf kann die Grundbuchordnung die wesentlichen Erfordernisse auf das äußerste Maß einschränken, ohne die Befolgung ihrer Vorschriften zu gefährden. Nach dem Entwurfe (§. 54 Satz 2) sind nur wesentlich: Für die Form die Bezeichnung der Urkunde als Hypothekenbrief und die Beglaubigung durch Unterschrift und Siegel des Grundbuchamts, für den Inhalt die Angabe des Geldbetrages der Hypothek und die Bezeichnung des belasteten Grundstücks. Die Verwendung eines Stempels an Stelle des Siegels genügt nicht.

Dem gegenüber bildet die Bestimmung, daß das Grundstück im Hypothekenbrief nach der Nummer des Grundbuchblatts zu bezeichnen ist, sowie die Bestimmung, daß der Hypothekenbrief einen Auszug aus dem Grundbuch zu enthalten hat, lediglich den Gegenstand einer Ordnungsvorschrift (§. 55 Abs. 1). Die Einzelheiten in Betreff des Auszugs ergeben sich aus §. 55 Abs. 2. Danach sollen (Abs. 2 Nr. 1 bis 3) in den Auszug die Bezeichnung des Grundstücks nach dem Inhalte des Grundbuchs (vergl. §. 2 Abs. 2, §. 27), die Bezeichnung des Eigenthümers, der Inhalt der die Hypothek betreffenden Eintragungen, und, soweit zur Ergänzung einer Eintragung auf eine Urkunde Bezug genommen ist, auch der Inhalt dieser Urkunde aufgenommen werden. Die letztere Bestimmung gilt nicht nur für die Eintragungsbewilligung, sondern ebenso für andere in Bezug genommene Urkunden, z. B. im Falle des §. 885 des Bürgerlichen Gesetzbuches für die einstweilige Verfügung, dagegen nicht für die von der zuständigen Behörde öffentlich bekannt gemachte Satzung einer Kreditanstalt (§. 1115 Abs. 2 des Bürgerlichen Gesetzbuchs). Endlich soll der Auszug, um die Prüfung der Sicherheit zu ermöglichen, den Inhalt der Eintragungen, die der Hypothek im Range vorgehen oder gleichstehen, kurz bezeichnen (§. 55 Abs. 2 Nr. 4). Außerdem wird durch die Schlußbestimmungen (§. 95) den Landesjustizverwaltungen die Befugniß vorbehalten, anzuordnen, daß der Auszug noch weitere Angaben über das Grundstück enthalten soll.

Aendert sich der Inhalt des Grundbuchs, so ist auf Antrag der Auszug zu ergänzen (§. 55 Abs. 3).

Verbindung des Briefes mit der Schuldurkunde.

Nach §. 56 Abs. 1 Satz 1 soll, falls eine Urkunde über die Forderung, für welche die Hypothek besteht, ausgestellt ist, die Urkunde mit dem Hypothekenbriefe verbunden werden. Die Vorschrift entspricht dem §. 122 der Preußischen Grundbuchordnung. Wenngleich vermöge der Gestaltung, welche die Hypothek im Bürgerlichen Gesetzbuch gefunden hat, insbesondere zufolge der Erweiterung der Eigenthümerhypothek, zwischen der Forderung und der Hypothek nur noch ein loser Zusammenhang besteht, so empfiehlt sich die Verbindung der Schuldurkunde mit dem Briefe doch aus Zweckmäßigkeitsgründen, insbesondere wird dadurch verhindert, daß mißbräuchlicher Weise über die Hypothek und über die verbriefte Forderung besondere Verfügung getroffen werden. Die Vorschrift bedarf jedoch einer Einschränkung für solche Fälle, in denen die Urkunde sich auf mehrere Hypothekenforderungen bezieht oder neben der Hypothekenforderung andere Angelegenheiten (z. B. Erbauseinandersetzungs-, Gutsübernahme-, Kaufverträge) betrifft; hier muß es genügen, wenn ein öffentlich beglaubigter Auszug aus der Urkunde mit dem Briefe verbunden wird (§. 56 Abs. 1 Satz 2). Im Falle der Verbindung des Briefes mit der Urkunde ist es zwecklos, daß der in den Brief aufzunehmende Auszug aus dem Grundbuche diejenigen Theile der Urkunde, auf welche das Grundbuch Bezug nimmt (§. 55 Abs. 2 Nr. 3), insbesondere die etwa in der Urkunde enthaltene Eintragungsbewilligung, nochmals wiedergiebt; der §. 56 Abs. 2

enthält daher eine Bestimmung in diesem Sinne. Die Vorschrift über die Verbindung der Schuldurkunde mit dem Briefe findet keine Anwendung, wenn die Betheiligten von der Ausstellung einer Urkunde abgesehen haben. Mit Bezug hierauf ist zur Erleichterung des Hypothekenverkehrs im §. 56 Abs. 3 bestimmt, daß das Nichtvorhandensein einer Schuldurkunde schon durch die Erklärung des Eigenthümers nachgewiesen werden kann; auf die Erklärung findet selbstverständlich der §. 28 Anwendung.

Brief über eine Gesammthypothek.

Soweit mehrere Grundstücke mit einer Gesammthypothek belastet sind, wird schon durch §. 47 Abs. 1 Vorsorge getroffen, daß bei jedem Grundstücke die Mithaftung den übrigen von Amtswegen anzugeben ist. In den Fällen der Briefhypothek ist es aber zur Verhütung von Täuschungen geboten, die Zusammengehörigkeit der einzelnen Eintragungen noch schärfer zum Ausdrucke zu bringen. Das Gesetz muß hier darauf hinwirken, daß, soweit möglich, nur ein Brief über das gesammte Recht vorhanden ist. Dies läßt sich, falls der Brief von vornherein über eine Gesammthypothek an mehreren im Bezirke desselben Grundbuchamts belegenen Grundstücken zu ertheilen ist, ohne Weiteres durch die Vorschrift erreichen, daß der Brief in einheitlicher Form hergestellt werden soll (§. 57 Abs. 1). Wird erst nachträglich für die durch eine Briefhypothek gesicherte Forderung noch an einem anderen im Bezirke desselben Grundbuchamts belegenen Grundstücke eine Hypothek bestellt, so bieten sich zur Erreichung jenes Zweckes zwei Wege: entweder wird unter Unbrauchbarmachung des bisherigen Briefes ein neuer Brief über die Gesammthypothek ertheilt oder es wird die Mitbelastung auf dem bisherigen Briefe vermerkt und zugleich der Inhalt des Briefes in Ansehung des später belasteten Grundstücks nach §. 55 ergänzt. Die Ertheilung eines neuen Briefes ist wegen der damit verbundenen höheren Kosten jedenfalls von einem Antrage des Berechtigten abhängig zu machen. Der Entwurf schreibt deshalb vor (§. 61), daß in Ermangelung eines solchen Antrags der andere Weg einzuschlagen ist.

Sind die mehreren Grundstücke in den Bezirken verschiedener Grundbuchämter belegen, so muß von der Bildung eines einheitlichen Hypothekenbriefs abgesehen werden. Die Zusammengehörigkeit der Eintragungen ist jedoch in diesem Falle dadurch ersichtlich zu machen, daß die von den einzelnen Grundbuchämtern ausgestellten Briefe mit einander verbunden werden (§. 57 Abs. 2).

Aushändigung des Briefes.

Nach den Vorschriften des Bürgerlichen Gesetzbuchs (§. 1117 Abs. 1, § 1163 Abs. 2) erwirbt der Gläubiger eine Hypothek, über die von vornherein ein Brief ertheilt ist, in der Regel erst, wenn ihm der Brief von dem Eigenthümer übergeben wird. Ist dagegen die Ertheilung des Hypothekenbriefs ausgeschlossen, so steht dem Gläubiger nach §. 873 die Hypothek schon von der Eintragung an zu und gehört ihm daher, falls nachträglich ein Brief ertheilt wird, gemäß §. 952 Abs. 2 der Brief schon vor der Aushändigung. Im Einklange mit dieser Regelung bestimmt der Entwurf (§. 58 Abs. 1), daß der Hypothekenbrief dem Eigenthümer, im Falle der nachträglichen Ertheilung aber dem Gläubiger auszuhändigen ist (§. 58 Abs. 1). Wie sich von selbst versteht, ist eine abweichende Bestimmung des Empfangsberechtigten (vergl. §. 1117 Abs. 2 des Bürgerlichen Gesetzbuchs) zulässig, das Grundbuchamt hat sie aber nur dann zu beachten, wenn sie ihm in der aus §. 28 Satz 1 sich ergebenden Form zur Kenntniß gebracht wird (§. 58 Abs. 2).

Theilhypothekenbrief.

Die Vorschriften des §. 59 über die Ertheilung, den Inhalt und die Form eines Theilhypothekenbriefs (§. 1145 Abs. 1, §. 1152 des Bürgerlichen Gesetzbuchs) entsprechen im Wesentlichen den Bestimmungen, welche in den §§. 54, 55 für den Hypothekenbrief getroffen sind. Die Zuständigkeit für die Herstellung des Theilhypothekenbriefs ist jedoch im Interesse der Erleichterung des Hypothekenverkehrs neben dem Grundbuchamt auch den Gerichten und den Notaren beigelegt (vergl. Preußische Grundbuchordnung §. 83). Den Hauptbestandtheil des Theilhypothekenbriefs bildet eine beglaubigte Abschrift des bisherigen Briefes, welche die im §. 54 Satz 2 vorgesehenen Angaben enthalten muß und außerdem die sonstigen Angaben des bisherigen Briefes sowie die auf diesem befindlichen Vermerke umfassen soll; im Uebrigen muß der Theilhypothekenbrief als solcher bezeichnet sein, den Theilbetrag der Hypothek, auf den er sich bezieht, angeben sowie mit der Unterschrift und dem Siegel des Grundbuchamts, des Gerichts oder des Notars versehen sein. Eine mit dem bisherigen Briefe verbundene Schuldurkunde soll in beglaubigter Abschrift mit dem Theilhypothekenbriefe verbunden werden. Nach der Mehrzahl der geltenden Gesetze (vergl. insbesondere §. 83 der Preußischen Grundbuchordnung) bildet es ein wesentliches Erforderniß für die Gültigkeit des Theilhypothekenbriefs, daß die Herstellung desselben auf dem bisherigen Briefe vermerkt ist. Der Entwurf (§. 59 Abs. 3) begnügt sich mit einer Ordnungsvorschrift dieses Inhalts. Eine solche Vorschrift erscheint zur Sicherung des Verkehrs ausreichend und vermeidet auf der anderen Seite die Härten, welche sich aus dem bestehenden Rechte für den Erwerber des Theilhypothekenbriefs in dem Falle ergeben, daß der Vermerk aus Versehen unterblieben ist.

Vermerk späterer Eintragungen auf dem Briefe.

Wenn nach §. 60 Abs. 1 Eintragungen, die bei der Hypothek erfolgen, von dem Grundbuchamt auf dem Hypothekenbrief zu vermerken sind, so rechtfertigt sich diese Vorschrift durch die Bedeutung, die dem Briefe im Verkehr zukommt. Die Vorschriften des §. 60 Abs. 2 sind bereits in den Erläuterungen zu den §§. 40, 52 gerechtfertigt.

Vertheilung einer Gesammthypothek.

Der §. 62 betrifft die Fälle der Vertheilung einer Gesammthypothek auf die einzelnen belasteten Grundstücke. Zu einer solchen Vertheilung ist nach §. 1132 Abs. 2 des Bürgerlichen Gesetzbuchs der Gläubiger befugt, dem die Hypothek zusteht. In den Fällen der §§. 1172, 1175 kann die Vertheilung aber auch von den Eigenthümern der mehreren belasteten Grundstücke vorgenommen werden, denen die Gesammthypothek gemeinschaftlich zugefallen ist. Hinsichtlich aller dieser Fälle trägt der Entwurf der Auffassung des Bürgerlichen Gesetzbuchs, wonach an Stelle der bisherigen Gesammthypothek Einzelrechte treten, auch äußerlich durch die Vorschrift Rechnung, daß für jedes einzelne Grundstück ein neuer Brief ertheilt werden soll. Die Benutzung des bisherigen Hypothekenbriefs oder der nach §. 57 Abs. 2 ertheilten mehreren Briefe ist damit unbedingt ausgeschlossen.

Umwandlung der Hypothek in eine Grundschuld oder Rentenschuld.

Nach §. 1177 Abs. 1 des Bürgerlichen Gesetzbuchs verwandelt sich die Hypothek kraft Gesetzes in eine Grundschuld, wenn sie sich mit dem Eigenthum in einer Person vereinigt, ohne daß dem Eigenthümer auch die Forderung zusteht. Gemäß §. 1198 kann ferner eine Hypothek durch Rechtsgeschäft in eine Grundschuld oder eine Rentenschuld (vergl. §. 1199 Abs. 1) umgewandelt werden. Zu einer Umwandlung durch Rechtsgeschäft ist nach §. 877 die Eintragung in das Grundbuch erforderlich. Aber auch in dem Falle des §. 1177 Abs. 1 kommt es zu einer Eintragung, wenn sie von den Betheiligten behufs Berichtigung des Grundbuchs beantragt wird. Bei der Verschiedenheit, welche zwischen der Hypothek einerseits, der Grundschuld und Rentenschuld andererseits besteht, erscheint es nothwendig, die eingetretene Aenderung auch äußerlich erkennbar zu machen. Der Entwurf (§. 63 Abs. 1) bestimmt daher, daß in dem einen wie in dem anderen Falle, sofern nicht die Ertheilung eines neuen Briefes beantragt wird, die Eintragung der Rechtsänderung auf dem bisherigen Briefe zu vermerken (vergl. §. 60) und eine mit dem Briefe verbundene Schuldurkunde abzutrennen ist. Von Amtswegen findet somit die Bildung eines neuen Briefs hier an sich nicht statt. Doch muß gemäß §. 62 des Entwurfs dieser Weg dann beschritten werden, wenn nach §. 1172 und §. 1177 Abs. 1 des Bürgerlichen Gesetzbuchs eine Gesammthypothek sich in eine Grundschuld umwandelt.

Uebertragung der Hypothek auf eine andere Forderung.

Die bezeichneten Vorschriften finden auch Anwendung, wenn nach §. 1180 des Bürgerlichen Gesetzbuchs an die Stelle der Forderung, für welche die Hypothek besteht, eine andere Forderung gesetzt wird (§. 63 Abs. 2).

Gemeinschaftlicher Brief.

Einem praktischen Bedürfniß entsprechend bestimmt der §. 64 des Entwurfs, daß dem Gläubiger über mehrere ihm zustehende Hypotheken, wenn diese gleichen Rang haben oder im Range unmittelbar auf einander folgen, auf Antrag ein gemeinschaftlicher Hypothekenbrief zu ertheilen ist. Auf den Bestand der einzelnen Hypotheken hat die Ertheilung des einheitlichen Briefes keinen Einfluß. Es kann aber durch dieselbe das Interesse des Eigenthümers nach anderen Richtungen, z. B. für den Fall, daß der Gläubiger wegen einer der Hypotheken Befriedigung erlangt hat, berührt werden, und der Entwurf macht deshalb die Ertheilung des einheitlichen Briefes von der Zustimmung des Eigenthümers abhängig.

Erneuerung des Briefes.

Die Ertheilung eines neuen Hypothekenbriefs läßt der Entwurf (§. 65) nicht nur dann zu, wenn der bisherige Brief nach §. 1162 des Bürgerlichen Gesetzbuchs für kraftlos erklärt oder nach den §§. 1170, 1171 durch ein in Ansehung der Hypothek ergangenes Ausschlußurtheil kraftlos geworden, sondern auch dann, wenn der bisherige Brief noch gültig ist.

In dem letzteren Falle, in welchem es sich namentlich um den Ersatz eines beschädigten oder verunstalteten Briefes handelt, wird, um Verzögerungen zu vermeiden, die Einwilligung des Eigenthümers nicht erfordert; das Interesse des Eigenthümers ist durch die Vorschriften des §. 66 ausreichend gewahrt. Der §. 130 der Preußischen Grundbuchordnung überläßt in dem bezeichneten Falle die Ertheilung eines neuen Briefes dem Ermessen des Grundbuchamtes. Die mit einer Erneuerung des Briefes verbundenen Kosten geben indessen hinreichende Gewähr, daß eine solche Erneuerung nur dann verlangt werden wird, wenn der äußere Zustand des Briefes in der That die Erneuerung erheischt. Der Entwurf macht daher die Erneuerung nur von dem Antrage des Berechtigten und der Vorlegung des bisherigen Briefes abhängig.

Der neue Brief ist, wie der Entwurf als selbstverständlich voraussetzt, nach der gegenwärtigen Lage des Grundbuchs zu ertheilen. Zur Sicherung des Eigenthümers ist aber vorgeschrieben, daß Privatvermerke, die nach den §§. 1140, 1145, 1157 des Bürgerlichen Gesetzbuchs für das Rechtsverhältniß zwischen dem Eigenthümer und dem Gläubiger in Betracht kommen, namentlich also eine nach §. 1145 auf den Brief gesetzte Theilquittung, zu übertragen sind (§. 66 Abs. 2). Im Uebrigen trägt der Entwurf (§. 66 Abs. 1, 3) dafür Sorge, daß die Thatsache der Erneuerung des Briefes sowohl aus diesem, als auch aus dem Grundbuche hervorgeht.

Unbrauchbarmachung des Briefes.

Zur Verhütung etwaiger Mißbräuche, die mit einem ungültig gewordenen Hypothekenbriefe getrieben werden könnten, erscheint es geboten, die Ungültigkeit des Briefes in augenfälliger Weise erkennbar zu machen. Der Entwurf (§. 67) schreibt daher vor, daß der Hypothekenbrief unbrauchbar zu machen ist, wenn die Hypothek gelöscht oder wenn die Ertheilung des Briefes nachträglich ausgeschlossen oder an Stelle des bisherigen Briefes ein neuer Hypothekenbrief, ein Grundschuldbrief oder ein Rentenschuldbrief ertheilt wird. Die unbrauchbar gemachte Urkunde ist vom Grundbuchamt aufzubewahren. Eine mit dem bisherigen Briefe verbundene Schuldurkunde ist abzutrennen und, sofern sie nicht mit einem neuen Briefe verbunden wird, zurückzugeben. Diese Vorschrift wird entsprechende Anwendung finden, wenn im Zwangsversteigerungsverfahren das Vollstreckungsgericht den Brief über eine in Folge der Versteigerung erloschene Hypothek, Grundschuld oder Rentenschuld unbrauchbar zu machen hat.

Grundschuldbrief, Rentenschuldbrief.

Die Vorschriften über den Hypothekenbrief finden nach §. 68 Abs. 1 auf den Grundschuldbrief und den Rentenschuldbrief entsprechende Anwendung. Für den letzteren (vergl. §§. 1199, 1200 des Bürgerlichen Gesetzbuchs) ist wesentliches Erforderniß, daß er die Angabe sowohl des Geldbetrages der einzelnen Leistung als auch der Ablösungssumme enthalten muß.

Nach §. 68 Abs. 2 soll, wenn eine für den Inhaber des Briefes eingetragene Grundschuld oder Rentenschuld in Theile zerlegt ist, über jeden Theil ein besonderer Brief hergestellt werden; diese Vorschrift rechtfertigt sich durch die Erwägung, daß die Zerlegung in Theile gerade die Uebertragung des Rechtes auf eine größere Zahl von Inhabern bezweckt. In den hierher gehörigen Fällen kann übrigens, wie sich aus §. 793 Satz 2 und §. 1195 Satz 2 des Bürgerlichen Gesetzbuchs ergiebt, die Unterschrift unter dem Briefe (§. 54 Satz 2 des Entwurfs) im Wege mechanischer Vervielfältigung hergestellt werden.

Vierter Abschnitt.

Beschwerde.

Gegenstand der Beschwerde.

Gegenstand der Beschwerde sind nach dem Entwurfe nur die Entscheidungen, d. h. die in der Sache getroffenen Anordnungen des Grundbuchamts oder des Beschwerdegerichts. Die Erledigung von Beschwerden, die auf dem Gebiete der Verwaltung liegen, insbesondere von Beschwerden über die Art des Geschäftsbetriebes, bestimmt sich nach dem Landesrecht.

Zulässigkeit der Beschwerde.

Gegen Entscheidungen des Grundbuchamts, durch die ein Antrag zurückgewiesen ist, läßt der Entwurf (§. 69 Abs. 1) die Beschwerde ohne Beschränkung zu. Dagegen ist, wenn es sich um eine von dem Grundbuchamte vorgenommene Eintragung handelt, die Anfechtung durch Beschwerde grundsätzlich ausgeschlossen; dies erheischt die Rücksicht auf die Rechtsstellung, welche durch die Eintragung für Dritte geschaffen ist. Demgemäß gewährt der Entwurf (§. 69 Abs. 2) die Beschwerde gegen eine Eintragung nur, wenn die Voraussetzungen gegeben sind, unter denen nach §. 52 das Grundbuchamt selbst eine Eintragung von Amtswegen verbessern kann und soll. Von praktischer Bedeutung ist diese Beschwerde namentlich für den Fall, daß das Grundbuchamt unter Verletzung gesetzlicher Vorschriften eine Eintragung vorgenommen hat, durch die das Grundbuch unrichtig geworden ist. Hier darf demjenigen, welcher durch die Eintragung benachtheiligt ist, im Hinblick auf die ihm vermöge des öffentlichen Glaubens des Grundbuchs drohenden Gefahren die Möglichkeit nicht versagt werden, im Beschwerdewege thunlichst rasch die Eintragung eines Widerspruchs zu erlangen.

Beschwerdegericht.

Als Beschwerdegericht bezeichnet der §. 70 das Landgericht, in dessen Bezirke das Grundbuchamt seinen Sitz hat. Die Gründe, aus denen der Entwurf die Errichtung der Grundbuchämter der Landesgesetzgebung überweist, treffen für die höhere Instanz nicht zu. Das Landgericht aber bietet als Kollegialgericht die erforderliche Gewähr für eine richtige Entscheidung. Schon jetzt steht in den meisten Bundesstaaten die Entscheidung über Beschwerden in den Angelegenheiten der nichtstreitigen Gerichtsbarkeit den Landgerichten zu. Mit Rücksicht auf diejenigen Bundesstaaten, in welchen die Verrichtungen des Grundbuchamts anderen als gerichtlichen Behörden obliegen, ist in die Schlußbestimmungen (§. 98) ein Vorbehalt aufgenommen, wonach im Wege der Landesgesetzgebung bestimmt werden kann, daß der Beschwerde an das Landgericht eine Anrufung des Amtsgerichts vorherzugehen habe.

Einlegung der Beschwerde. Legitimation.
Legitimation zur Beschwerde.

Die Vorschriften des §. 71 über die Einlegung der Beschwerde entsprechen im Allgemeinen dem §. 532 der Civilprozeßordnung. Jedoch wird den Betheiligten insofern freiere Hand gelassen, als die Beschwerde auch ohne Rücksicht auf die Dringlichkeit des Falles bei dem Beschwerdegericht eingelegt werden kann. Die Frage, wer zur Einlegung der Beschwerde befugt ist, hat in den geltenden Gesetzen überwiegend eine besondere Regelung nicht gefunden. In der Praxis haben sich aus dem Mangel solcher Vorschriften keine Mißstände ergeben. Der Entwurf hat deshalb von bezüglichen Vorschriften gleichfalls abgesehen.

Begründung durch neue Thatsachen und Beweise.

Im Anschluß an den §. 533 der Civilprozeßordnung und in sachlicher Uebereinstimmung mit einer Reihe von Landesgesetzen bestimmt der §. 72, daß die Beschwerde auf neue Thatsachen und Beweise gestützt werden kann. Die Vorschrift rechtfertigt sich durch die Rücksicht auf die Vereinfachung und Beschleunigung des Verfahrens. Dabei versteht es sich von selbst, daß, wenn einem zurückgewiesenen Antrage in der Beschwerdeinstanz auf Grund der neuen Thatsachen oder Beweise stattgegeben wird, der Entscheidung des Beschwerdegerichts rückwirkende Kraft nicht zukommt. Die Sachlage ist hier die gleiche, wie wenn der Betheiligte von der Erhebung einer Beschwerde abgesehen und vielmehr bei dem Grundbuchamte selbst einen neuen verbesserten Antrag anstatt des zurückgewiesenen gestellt hätte.

Abhülfe durch das Grundbuchamt.

Die Bestimmung des §. 73, derzufolge das Grundbuchamt selbst der Beschwerde abzuhelfen hat, wenn es sie für begründet erachtet, ist dem §. 534 der Civilprozeßordnung nachgebildet. Sie gilt auch für den Fall, daß die Beschwerde bei dem Landgericht eingelegt und durch dessen Vermittelung dem Grundbuchamte zugegangen ist.

Maßregeln des Beschwerdegerichts.

Zur Abwendung der Nachtheile, welche den Beschwerdeführer treffen können, wenn in der Zwischenzeit bis zur Entscheidung über die Beschwerde Eintragungen erfolgen, räumt der Entwurf (§. 74) dem Beschwerdegerichte die Befugniß ein, durch eine einstweilige Anordnung dem Grundbuchamte die Eintragung einer Vormerkung oder eines Widerspruchs aufzugeben (vergl. §. 535 Abs. 3 der Civilprozeßordnung). Wie aus der Natur dieser beiden Rechtsbehelfe von selbst folgt, ist die Eintragung einer Vormerkung anzuordnen, wenn sich die Beschwerde gegen die Zurückweisung des Antrags auf Eintragung einer Rechtsänderung richtet, während die Eintragung eines Widerspruchs in den Fällen am Platze ist, in denen die Zurückweisung eines Antrags auf Berichtigung des Grundbuchs oder eine von dem Grundbuchamte vorgenommene unrichtige Eintragung den Gegenstand der Beschwerde bildet. Der Abs. 2 giebt der Vorschrift des Abs. 1 die nothwendige Ergänzung dahin, daß die Vormerkung oder der Widerspruch von Amtswegen zu löschen ist, wenn die Beschwerde zurückgenommen oder zurückgewiesen wird.

Endgültige Entscheidung.

Die endgültige Entscheidung des Beschwerdegerichts ist nach §. 75 mit Gründen zu versehen und dem Beschwerdeführer mitzutheilen. Die Angabe von Gründen erscheint schon mit Rücksicht auf die weitere Beschwerde geboten. Die Mittheilung der Entscheidung an den Beschwerdeführer ist besonders hervorgehoben, weil für die einstweiligen Anordnungen nach §. 74 das Gegentheil gilt.

Weitere Beschwerde.

Die Zulassung der weiteren Beschwerde ist nach §. 76 Satz 1 auf den Fall einer Gesetzesverletzung beschränkt. Entsprechende Bestimmungen finden sich bereits in den geltenden Gesetzen (vergl. Preußisches Ausführungsgesetz zum Gerichtsverfassungsgesetze vom 24. April 1878 §. 52; Bayerisches Ausführungsgesetz zur Civilprozeßordnung vom 23. Februar 1879 Art. 63). Dem Bedürfnisse geschieht, wie die Erfahrung lehrt, durch eine solche Regelung der weiteren Beschwerde Genüge. Wenn die weitere Beschwerde hiernach eine Gestaltung erhält, durch die sie dem Rechtsmittel der Revision angenähert wird, so kann für die Regelung im Einzelnen auf die einschlägigen Vorschriften verwiesen werden, welche die Civilprozeßordnung für die Revision getroffen hat (§. 76 Satz 2).

Die Entscheidung über die weitere Beschwerde ist im Einklange mit den Gesetzen Preußens, Badens, Hessens und anderer Bundesstaaten dem (im Instanzenzuge vorgesetzten) Oberlandesgericht übertragen (§. 77 Abs. 1). Im Interesse einer gleichmäßigen Rechtsanwendung wird jedoch durch einen Vorbehalt in den Schlußbestimmungen (§. 100) nach dem Vorbilde des §. 9 des Einführungsgesetzes zum Gerichtsverfassungsgesetze für diejenigen Bundesstaaten, in welchen mehrere Oberlandesgerichte bestehen, der Landesgesetzgebung nachgelassen, die Entscheidung über die weitere Beschwerde ausschließlich einem der mehreren Oberlandesgerichte (vergl. Preußisches Ausführungsgesetz zum Gerichtsverfassungsgesetze vom 24. April 1878 §. 51) oder an Stelle eines solchen Oberlandesgerichts dem obersten Landesgerichte zuzuweisen. Allein dieser Vorbehalt genügt nicht, um eine einheitliche Rechtsprechung in Grundbuchsachen für das ganze Reichsgebiet zu sichern. Nach den Erfahrungen, die früher in Preußen gemacht worden sind, ist zu erwarten, daß die mit der Entscheidung über die weitere Beschwerde betrauten Gerichte auch in grundlegenden Fragen nicht selten zu abweichenden Entscheidungen gelangen werden. Um dies zu verhüten, bestimmt der Entwurf (§. 77 Abs. 2, 3) nach dem Vorbilde des §. 137 des Gerichtsverfassungsgesetzes, daß, wenn ein Oberlandesgericht bei der Auslegung einer das Grundbuchrecht betreffenden reichsgesetzlichen Vorschrift von der auf weitere Beschwerde ergangenen Entscheidung eines anderen Oberlandesgerichts, falls aber über die Rechtsfrage bereits eine Entscheidung des Reichsgerichts ergangen ist, von dieser abweichen will, es die weitere Beschwerde unter Begründung seiner Rechtsauffassung dem Reichsgerichte vorzulegen und alsdann das letztere über die weitere Beschwerde zu entscheiden hat. Daß die Vorschrift des §. 77 Abs. 2 auch in Ansehung des obersten Landesgerichts Anwendung findet, ergiebt sich ohne Weiteres aus der Fassung des §. 100; auch das oberste Landesgericht hat daher, wenn es von der auf weitere Beschwerde ergangenen Entscheidung des Gerichts eines anderen Bundesstaats oder von einer Entscheidung des Reichsgerichts abweichen will, die Sache an das Reichsgericht abzugeben, und in derselben Weise haben die Gerichte der anderen Bundesstaaten gegenüber den Entscheidungen des obersten Landesgerichts zu verfahren. Um eine einheitliche Rechtsprechung auch innerhalb des Reichsgerichts herbeizuführen, sollen nach §. 79 Abs. 2 die Vorschriften des §. 137 des Gerichtsverfassungsgesetzes entsprechende Anwendung finden.

Form.

Nach §. 78 Abs. 3 finden auf die weitere Beschwerde im Allgemeinen die für die Beschwerde geltenden Vorschriften entsprechende Anwendung. In einzelnen Richtungen bedarf es jedoch mit Rücksicht darauf, daß das Rechtsmittel der weiteren Beschwerde auf den Fall der Gesetzesverletzung beschränkt ist, besonderer Bestimmungen.

Zunächst erscheint es im Interesse der Betheiligten selbst wie auch zur Abschneidung grundloser Beschwerden gerechtfertigt, die Formfreiheit hinsichtlich der Einlegung des Rechtsmittels zu beschränken. Der Entwurf (§. 78 Abs. 1) schreibt deshalb im Anschluß an das in Preußen, Bayern und anderen Gebieten geltende Recht (Preußisches Ausführungsgesetz zum Gerichtsverfassungsgesetz §. 53; Bayerisches Ausführungsgesetz zur Civilprozeßordnung vom 23. Februar 1879 Art. 65) für die schriftliche Einreichung der Beschwerde die Unterzeichnung des Schriftstücks durch einen Rechtsanwalt vor; jedoch greift diese Beschränkung dann nicht Platz, wenn die Beschwerde von einer Behörde oder von dem Notar eingelegt wird, der nach §. 14 den Eintragungsantrag gestellt hat. Im Uebrigen ist der Gebrauch des Rechtsmittels für alle Betheiligten dadurch erleichtert, daß die Einlegung auch durch Erklärung zum Protokolle des Grundbuchamts oder eines Gerichtsschreibers des Landgerichts oder des Oberlandesgerichts erfolgen kann (vergl. Preußisches Ausführungsgesetz zum Gerichtsverfassungsgesetze §. 53 Abs. 2). Da aber die weitere Beschwerde wesentlich dem Zwecke dient, um gleichmäßige Rechtsprechung in Grundbuchsachen zu sichern, so kann weder dem Grundbuchamte noch dem Landgerichte gestattet werden, seine Entscheidung nachträglich zu ändern. Der Entwurf (§. 7. Abs. 2) spricht dies gegenüber der Vorschrift des §. 73 besonders aus.

Zuständigkeit der Civilkammer und des Civilsenats. Ausschließung und Ablehnung der Gerichtspersonen.

Die Bestimmung des §. 79 Abs. 1, wonach die Entscheidungen über Beschwerden in Grundbuchsachen bei den Landgerichten durch eine Civilkammer, bei den Oberlandesgerichten und dem Reichsgerichte durch einen Civilsenat erfolgen sollen, schließt sich den §§. 71, 120, 123 Nr 3 des Gerichtsverfassungsgesetzes an und findet sich bereits in den geltenden Gesetzen (vergl. §. 5 des Preußischen Ausführungsgesetzes zum Gerichtsverfassungsgesetze). In Betreff der Ausschließung und Ablehnung der Gerichtspersonen in der Beschwerdeinstanz fehlt es in den meisten Landesgesetzen an ausdrücklichen Bestimmungen (vergl. jedoch Bayerisches Gesetz zur Ausführung der Civilprozeßordnung vom 23. Februar 1879; Badisches Gesetz, betreffend die Verwaltung der freiwilligen Gerichtsbarkeit u. s. w., vom 6. Februar 187 §. 4; Hessisches Gesetz, das Verfahren in Sachen der nicht streitigen Gerichtsbarkeit betreffend, vom 5. Juni 1879 Art. 9). Wenn das Beschwerdeverfahren in Grundbuchsachen reichsgesetzlich geregelt wird, so empfiehlt es sich, auch in der bezeichneten Richtung einheitliches Recht zu schaffen. Der Entwurf erklärt daher im §. 79 Abs. 2 die Vorschriften der Civilprozeßordnung über die Ausschließung und Ablehnung der Gerichtspersonen für entsprechend anwendbar. Die Vorschriften, welche der §. 7 hinsichtlich der Oberlandesgerichte trifft, gelten zufolge des §. 10 auch für das oberste Landesgericht, wenn diesem die Entscheidung über die weitere Beschwerde zugewiesen ist.

Fünfter Abschnitt.

Schlußbestimmungen.

Zeitpunkt des Inkrafttretens.

Für die Frage, wann die Grundbuchordnung in Kraft zu treten hat, kommt in Betracht, daß ihre Durchführung von der vorgängigen Anlegung des Grundbuchs abhängt. Der Zeitpunkt aber, in welchem das Grundbuch für einen Bezirk als angelegt anzusehen ist, wird nach Art. 186 Abs. 1 des Einführungsgesetzes zum Bürgerlichen Gesetzbuche für jeden Bundesstaat durch landesherrliche Verordnung bestimmt. Vor diesem Zeitpunkte können daher nur diejenigen Vorschriften der Grundbuchordnung in Kraft treten, welche die Anlegung des Grundbuchs, einschließlich der Einrichtung der Bücher, betreffen. Der Geltungsbeginn dieser Vorschriften muß mit dem Inkrafttreten des Bürgerlichen Gesetzbuchs zusammenfallen (vergl Art. 1 des Einführungsgesetzes). Dabei versteht es sich übrigens von selbst, daß die Bundesstaaten die vorbehaltenen Ausführungsbestimmungen zu den betreffenden Vorschriften schon früher erlassen können.

Einführungsvorschriften.

Im §. 80 Abs. 2 werden einzelne Vorschriften aus dem ersten Abschnitte des Einführungsgesetzes zum Bürgerlichen Gesetzbuche (Art. 2 bis 5) für entsprechend anwendbar erklärt.

Verhältniß zu den Reichs- und den Landesgesetzen.

Durch die Verweisung auf die Art. 32, 55 jenes Gesetzes wird ferner zum Ausdruck gebracht, daß auch der Grundbuchordnung gegenüber die Reichsgesetze in Kraft bleiben, soweit sich nicht aus dem neuen Gesetz ihre Aufhebung ergiebt, daß dagegen die das Grundbuchwesen betreffenden Vorschriften der Landesgesetze außer Kraft treten, soweit nicht in der Grundbuchordnung ein Anderes vorgeschrieben ist.

Vorbehalte.

Die allgemeinen Vorbehalte für das Landesrecht sind im Entwurfe theils ausdrücklich bestimmt (§. 1 Abs. 2, §. 2 Abs. 2), theils aus solchen Vorschriften desselben zu entnehmen, welche zu ihrer Durchführung eine ergänzende Thätigkeit der Landesgesetzgebung voraussetzen. Das Letztere gilt insbesondere, wie schon in anderem Zusammenhange hervorgehoben ist, für die Bildung und Zuständigkeit der Grundbuchämter, für die Ausschließung und Ablehnung der Grundbuchbeamten, für das Verhältniß des Flurbuchs zum Grundbuch und die Berichtigung des Grundbuchs im Falle der Aenderung des Flurbuchs, sowie für die nähere Regelung der Grundbuchführung. Weiterhin sind die Bestimmungen über die Form der Entscheidungen des Grundbuchamts und deren Zustellung, über die Protokollirung der Anträge und Erklärungen vor dem Grundbuchamt, über die Form der Eintragungen in das Grundbuch und der Zeugnisse über die Eintragungen der Landesgesetzgebung insoweit stillschweigend überlassen, als die Grundbuchordnung keine Bestimmungen darüber enthält.

Eine Reihe weiterer Vorbehalte ist in den §§. 81 ff. besonders aufgeführt. Der §. 81 spricht zunächst den Grundsatz aus, daß alle Vorbehalte, die im Einführungsgesetze zum Bürgerlichen Gesetzbuche (Abschnitt 3 und 4) zu Gunsten der Landesgesetzgebung gemacht sind, auch für die Vorschriften der Landesgesetze über das Grundbuchwesen gelten. Diese Erstreckung ist durch den engen Zusammenhang des Liegenschaftsrechts mit den Vorschriften über das Verfahren in Grundbuchsachen geboten (vergl. auch §. 2 Abs. 1 des Entwurfs eines Einführungsgesetzes zu dem Gesetze über die Zwangsversteigerung und die Zwangsverwaltung, Reichstags-Drucksache 1897 Nr. 607).

Aus dem §. 81 des Entwurfs in Verbindung mit dem Art. 112 des Einführungsgesetzes zum Bürgerlichen Gesetzbuch ergiebt sich insbesondere auch, daß diejenigen landesgesetzlichen Vorschriften unberührt bleiben, welche für die einem Eisenbahn- oder Kleinbahnunternehmen gewidmeten Grundstücke die Führung besonderer Grundbücher anordnen. Ebenso kann es nach §. 81 des Entwurfs in Verbindung mit dem Art. 218 des Einführungsgesetzes zum Bürgerlichen Gesetzbuche keinem Zweifel unterliegen, daß, soweit nach den Vorschriften des vierten Abschnitts des Einführungsgesetzes die bisherigen Landesgesetze maßgebend bleiben, die Landesgesetzgebung befugt ist, auch auf dem Gebiete des Grundbuchwesens Uebergangsbestimmungen zu treffen. Sie kann demgemäß mit Rücksicht auf den Art. 200 des Einführungsgesetzes namentlich die Voraussetzungen regeln, unter denen die aus dem landesgesetzlichen ehelichen Güterrechte sich ergebenden Verfügungsbeschränkungen in das Grundbuch eingetragen werden können.

Der Grundsatz des §. 81 erfährt nach §. 82 lediglich insofern eine Einschränkung, als die in den Art. 63, 68 des Einführungsgesetzes bezeichneten Rechte (Erbpachtrechte und Rechte zur Gewinnung eines Minerals) hinsichtlich der Anlegung eines besonderen Grundbuchblatts, der Eintragung des Erwerbers sowie der Eintragung des Berechtigten im Falle der Berichtigung des Grundbuchs den Vorschriften unterworfen sein sollen, die nach den §§. 7, 19 und §. 21 Abs. 2 des Entwurfs für das Erbbaurecht gelten. Die entsprechende Anwendung des §. 7 des Entwurfs führt in Verbindung mit dem Art. 63 des Einführungsgesetzes zum Bürgerlichen Gesetzbuch von selbst zu dem Ergebnisse, daß, wo landesgesetzlich zur Begründung eines Erbpachtrechts, dessen Eintragung in das Grundbuch nicht erforderlich ist, für dieses Recht ein besonderes Grundbuchblatt auch dann angelegt werden kann, wenn ein Grundbuchblatt für das belastete Grundstück nicht vorhanden ist. Bei der Eintragung des Erbpachtrechts oder des Rechts zur Gewinnung eines Minerals, bedarf es übrigens, wie der §. 82 durch Verweisung auf §. 48 klarstellt, der Bezeichnung der einzelnen hierunter begriffenen einzelnen Rechte im Grundbuche dann nicht, wenn auf die Eintragungsbewilligung Bezug genommen wird. Dies gilt sowohl in dem Falle, daß die Eintragung auf dem Blatte des belasteten Grundstücks, als auch in dem Falle, daß sie auf dem für das Recht angelegten besonderen Blatte erfolgt.

Einzelne Vorbehalte.

Was die Vorbehalte im Einzelnen betrifft, so darf bezüglich des §. 83 auf die Bemerkungen zu §. 2 bezüglich des §. 84 auf die Bemerkungen zu §. 4 verwiesen werden. Die §§. 85 bis 87 haben die Bedeutung von Uebergangsvorschriften. Sie regeln, soweit dies gegenüber den Vorschriften des Entwurfs bezüglich der Einrichtung der Grundbücher überhaupt erforderlich ist, die Voraussetzungen, unter denen es zulässig sein soll, bisher geführte Bücher als Grundbücher auch ferner zu benutzen. Nach dem §. 3 des Entwurfs sollen alle Angaben über die Rechtsverhältnisse eines Grundstücks an einer besonderen Stelle im Grundbuche vereinigt sein; vermöge der bisherigen Bucheinrichtungen aber, z. B. in Württemberg, Baden, Hessen, Meiningen, Hamburg, kommt es nicht selten vor, daß jene Angaben sich in mehreren neben einander geführten Büchern befinden. Es ist ferner der Fall zu berücksichtigen, daß ein bisher geführtes Buch für gewisse Eintragungen in einem neu anzulegenden besonderen Buche oder in mehreren solcher Bücher seine Ergänzung finden muß. Der §. 85 Satz 1 stellt es daher mit Bezug auf alle diese Fälle der landesherrlichen Verordnung anheim, zu bestimmen, daß ein bisher geführtes Buch oder mehrere bisher geführte Bücher für sich allein oder zusammen mit einem neuen Buche oder mehreren neuen Büchern als Grundbuch gelten sollen. Nach dem §. 85 Satz 2 kann eine solche Bestimmung auch dann getroffen werden, wenn in den bisherigen Büchern für Grundstücke, die nicht denselben Eigenthümer haben, ein gemeinschaftliches Blatt besteht; dies kommt gegenwärtig namentlich in der Weise vor, daß Grundstücke von Ehefrauen und Kindern, sei es auf dem Grundbuchblatte des Ehemannes oder der Eltern, sei es mit einander auf demselben Grundbuchblatt eingetragen sind. Für den Fall, daß von einer solchen Buchführung Verwirrung zu besorgen ist, soll aber die Vorschrift des §. 4 gelten.

Anpassung der älteren Bücher.

Die §§. 86, 87 bestimmen, wie in den Fällen des §. 85 die Anpassung der älteren Bücher an die Vorschriften der Grundbuchordnung zu erfolgen hat. Werden mehrere Bücher geführt, so muß, um den Anforderungen des §. 3 des Entwurfs wenigstens annähernd zu genügen, jedes Grundstück in einem der Bücher eine besondere Stelle haben, an der auf die in den anderen Büchern befindlichen Eintragungen verwiesen wird. Die Stelle dieses Buches, das der Entwurf zum Hauptbuch erklärt, auch wenn es in dem bisherigen Landesrechte nur die Bedeutung eines Nebenbuchs (z. B. eines Realregisters) gehabt haben sollte, und die Stellen der übrigen Bücher, auf welche verwiesen wird, gelten zusammen als das Grundbuchblatt, mithin gemäß §. 3 als das Grundbuch im Sinne des Bürgerlichen Gesetzbuchs (§. 86). Sind in einem älteren Buche die Grundstücke nicht nach einem amtlichen Verzeichnisse (§. 2 Abs. 2) bezeichnet, so steht dies der Weiterbenutzung des Buches nicht entgegen, da sich der Zweck jener Vorschrift, wennschon mit geringerer Zuverlässigkeit, auch in anderer Weise erreichen läßt; jedoch soll die der Grundbuchordnung entsprechende Bezeichnung nachträglich von Amtswegen bewirkt werden (§. 87).

Vom Buchungszwange befreite Grundstücke.

Nach den bestehenden Gesetzen, namentlich dem §. 2 der Preußischen Grundbuchordnung und dem §. 7 der Sächsischen Verordnung vom 9. Januar 1865, sind gewisse Grundstücke, die wegen der Rechtsstellung ihres Eigenthümers oder wegen ihrer Zweckbestimmung dem Rechtsverkehre fern zu bleiben pflegen, von dem Buchungszwange befreit. Die Buchung ist bei solchen Grundstücken regelmäßig entbehrlich, und der mit ihr verbundene Aufwand an Arbeit und Kosten wäre ebendeshalb hier nicht gerechtfertigt. Indessen sind für die Entscheidung der Frage, inwieweit einem solchen Grundstücke die Befreiung von dem Buchungszwange zu gewähren ist, vorzugsweise auch Rücksichten des öffentlichen Rechtes maßgebend, und der Entwurf überläßt daher (§. 88) landesherrlicher Verordnung zu bestimmen, daß das Grundstück nur auf Antrag desjenigen, dem die Verfügung darüber zusteht, ein Grundbuchblatt erhalten soll. In Betracht kommen hier namentlich die Grundstücke des Fiskus. Darunter sind nicht nur die Grundstücke eines Bundesstaats, sondern auch die dem Reiche gehörenden Grundstücke zu verstehen (vergl. §. 89 des Bürgerlichen Gesetzbuchs). Aus der allgemeinen Rechtsstellung des Reichsfiskus ergiebt sich von selbst, daß die Voraussetzungen, unter denen der Landesfiskus von dem Buchungszwange befreit wird, in gleicher Weise auch für die Befreiung des Reichsfiskus maßgebend sind.

Die Befreiung von dem Buchungszwange hindert allerdings nicht, daß unter Umständen die Eintragung nach Maßgabe des §. 13 auch von anderer Seite beantragt werden darf. Hiervon abgesehen aber verschafft jene Befreiung dem Eigenthümer die Sicherheit, daß jede das Grundstück betreffende Eintragung ausgeschlossen ist. Mit Rücksicht hierauf gewährt für den Fall, daß derjenige, welcher von der Verpflichtung zur Eintragung befreit ist, bereits als Eigenthümer eines Grundstücks eingetragen ist oder daß er ein eingetragenes Grundstück erwirbt, der Entwurf (§. 88 Abs. 2) ihm das Recht, die Ausscheidung des Grundstücks aus dem Grundbuche zu beantragen; die Zulässigkeit der Ausscheidung ist jedoch an die Voraussetzung geknüpft, daß eine Eintragung, von welcher das Recht des Eigenthümers betroffen wird, nicht vorhanden ist. Das Recht, die Ausscheidung zu verlangen, steht demjenigen, welcher von dem Buchungszwange befreit ist, selbstverständlich auch dann zu, wenn er einen Theil eines eingetragenen Grundstücks erwirbt. Macht er in einem solchen Falle von seinem Rechte schon bei der Stellung des Antrags auf Eintragung des Eigenthums Gebrauch, so wird damit im Hinblick auf die ihm gewährte Befreiung auch die Anwendung der Regel gegenstandslos, daß der abgetrennte Grundstückstheil ein besonderes Blatt erhalten muß. Vielmehr genügt es hier, wenn die Uebertragung des Eigenthums auf dem bisherigen Grundbuchblatt eingetragen und gleichzeitig dieses Blatt in Ansehung des erworbenen Grundstückstheils geschlossen wird. Dasselbe gilt für den Fall, daß derjenige, welcher von der Verpflichtung zur Eintragung befreit ist, eines von mehreren Grundstücken erwirbt, über die ein gemeinschaftliches Blatt geführt wird.

Nachträgliche Anlegung von Grundbuchblättern.

Der §. 89 betrifft die Fälle, in welchen einzelne Grundstücke bei der Anlegung des Grundbuchs ein Grundbuchblatt nicht erhalten haben, sei es, daß durch die landesherrliche Verordnung das Grundbuch eines Bezirkes schon für angelegt erklärt wird, während für einen Theil der Grundstücke die erforderliche Buchung noch aussteht, sei es, daß die Buchung aus Versehen oder wegen vorliegender Anstände oder deshalb unterblieben ist, weil das Grundstück zu der bezeichneten Zeit vom Buchungszwange befreit war. Durch die nachträgliche Anlegung von Grundbuchblättern für solche Grundstücke wird die erste Anlegung des Grundbuchs ergänzt und jene Anlegung muß daher nach den gleichen Grundsätzen wie diese erfolgen. Im Anschluß an den Artikel 186 Abs. 1 des Einführungsgesetzes zum Bürgerlichen Gesetzbuche, demzufolge das Verfahren, in welchem die erste Anlegung des Grundbuchs erfolgt, durch landesherrliche Verordnung bestimmt wird, behält der Entwurf auch hier die Regelung des Verfahrens landesherrlicher Verordnung vor.

Wiederherstellung zerstörter oder abhanden gekommener Grundbücher.

Ebenso überläßt der §. 90 Satz 1 die Regelung des Verfahrens zum Zwecke der Wiederherstellung eines ganz oder theilweise zerstörten oder abhanden gekommenen Grundbuchs der landesherrlichen Verordnung. Dieser Weg hat sich nach den in Preußen gemachten Erfahrungen, die zu dem Gesetze, betreffend eine Abänderung der Grundbuchordnung, vom 14. März 1882 geführt haben, als zweckmäßig erwiesen, sofern es in den bezeichneten Fällen darauf ankommt, die mit dem Fehlen des Grundbuchs verbundene Hemmung des Verkehrs möglichst schnell zu beseitigen. Der Verordnung wird zugleich die Bestimmung darüber vorbehalten, in welcher Weise bis zur Wiederherstellung des Grundbuchs die zu einer Rechtsänderung erforderliche Eintragung ersetzt werden soll (§. 90 Satz 2).

Grundakten.

Der §. 92 ermächtigt die Landesjustizverwaltung, anzuordnen, daß Grundakten gehalten werden sowie Anordnungen über die Einsicht dieser Akten und die Ertheilung von Abschriften zu treffen. Die Anordnungen dürfen jedoch den Vorschriften des §. 10 nicht widersprechen.

Selbständige Eintragung eines Grundstückstheils.

Die Anlegung eines Grundbuchblatts ist davon abhängig, daß das Grundstück in dem durch §. 2 Abs. 2 vorgesehenen Verzeichniß aufgeführt ist. Dies gilt auch dann, wenn ein Theil von einem Grundstück abgeschrieben und als besonderes Grundstück eingetragen werden soll. Da aber die Führung des Verzeichnisses reichsgesetzlich nicht geordnet ist, so empfiehlt es sich, für den bezeichneten Fall die näheren Bestimmungen darüber, inwieweit die Anlegung des neuen Grundbuchblatts von einer vorgängigen Veränderung der Bezeichnung in dem amtlichen Verzeichniß oder von der Beibringung einer die Lage und die Grenzen des Grundstückstheils darstellenden Karte abhängig sein soll, der Landesjustizverwaltung zu überlassen. Der §. 94 des Entwurfs enthält die erforderliche Ermächtigung und dehnt sie zugleich auf den Fall aus, daß ein Theil eines Grundstücks ohne Abschreibung mit einer Dienstbarkeit oder einer Reallast belastet werden soll.

Vorlegung des Veräußerungsvertrags bei der Auflassung.

Der §. 96 räumt mit Rücksicht auf die Einrichtungen, wie sie zur Zeit in einzelnen Bundesstaaten, entsprechend den Gewohnheiten der Bevölkerung, bestehen, der Landesgesetzgebung die Befugniß zum Erlasse von Vorschriften ein, wonach das Grundbuchamt die Erklärung der Auflassung nur entgegennehmen soll, wenn ein auf Uebertragung des Eigenthums gerichteter Vertrag in der nach §. 313 des Bürgerlichen Gesetzbuchs erforderlichen gerichtlichen oder notariellen Urkunde vorgelegt wird. Soweit nach Maßgabe des Art. 142 des Einführungsgesetzes zum Bürgerlichen Gesetzbuche für die Beurkundung des Vertrags durch Landesgesetz auch andere Behörden oder Beamte für zuständig erklärt sind, genügt selbstverständlich die Vorlegung einer von diesen Behörden oder Beamten aufgenommenen Urkunde.

Vorbehalt für die Erbauseinandersetzung.

Bezüglich des §. 97 wird auf die Bemerkungen zu den §§. 35, 36 verwiesen.

Besondere Bestimmungen für den Fall der Führung des Grundbuchs durch nichtrichterliche Behörden.

Die §§. 98, 99 treffen besondere Bestimmungen mit Bezug auf diejenigen Bundesstaaten, in welchen die Führung der Grundbücher anderen Behörden als den Amtsgerichten übertragen ist. Auf die dem §. 12 des Entwurfs eines Einführungsgesetzes zu dem Gesetz über die Zwangsversteigerung und die Zwangsverwaltung (Reichstags-Drucksache 1897 Nr. 607) sich anschließende Bestimmung des §. 98 ist bereits hingewiesen. Der §. 99 will, soweit thunlich, für den Wegfall der Vorschriften einen Ersatz gewähren, durch welche gegenwärtig in einzelnen der betreffenden Staaten die Gerichte in den Stand gesetzt sind, auf die richtige Führung der Bücher einen unmittelbaren Einfluß zu üben.

Anlage I.

Zusammenstellung

der

aus Anlaß der Grundbuchordnung vorläufig in Aussicht genommenen Aenderungen der Civilprozeßordnung.*)

§. 700a. (14.)

Bedarf der Gläubiger zum Zwecke der Zwangsvollstreckung eines Erbscheins oder einer anderen Urkunde, die dem Schuldner auf Antrag von einer Behörde, einem Beamten oder einem Notare zu ertheilen ist, so kann er die Ertheilung an Stelle des Schuldners verlangen.

§. 779a. (25.)

Ist durch ein vorläufig vollstreckbares Urtheil der Schuldner zur Abgabe einer Willenserklärung verurtheilt, auf Grund deren eine Eintragung in das Grundbuch oder das Schiffsregister erfolgen soll, so gilt die Eintragung einer Vormerkung oder eines Widerspruchs als bewilligt.

§. 779b. (14.)

Soll auf Grund eines Urtheils, das eine Willenserklärung des Schuldners ersetzt, eine Eintragung in das Grundbuch oder das Schiffsregister vorgenommen werden, so kann der Gläubiger an Stelle des Schuldners die Ertheilung der im §. 700a bezeichneten Urkunden verlangen, soweit er dieser Urkunden zur Herbeiführung der Eintragung bedarf.

---

*) Die den einzelnen Paragraphenzahlen in Klammern beigefügten Zahlen weisen auf die in Betracht kommenden Paragraphen des Entwurfs einer Grundbuchordnung hin.

Anlage II.

Vergleichende Zusammenstellung

der

Paragraphen des Entwurfs einer Grundbuchordnung (1889) und der Paragraphen des vorliegenden Entwurfs.

Die Zahlen der ersten Spalte bezeichnen die Paragraphen des Entwurfs von 1889, die Zahlen der zweiten Spalte die Paragraphen des vorliegenden Entwurfs.

1 Abs. 1.	1 Abs. 1.	16.	1 Abs. 2, 92.
Abs. 2.	Gestrichen.	17.	89.
2.	Gestrichen.	18.	90.
3.	Gestrichen.	19.	12.
4.	11.	20.	Gestrichen.
5 Abs. 1.	2 Abs. 1.	21 Abs. 1.	18, 19.
Abs. 2.	81.	Abs. 2.	39.
6 Abs. 1.	3.	22.	Gestrichen.
Abs. 2.	4.	23.	38.
7.	2 Abs. 2.	24.	Gestrichen.
8 Satz 1.	85 Satz 2.	25.	27 Satz 1.
Satz 2.	Gestrichen.	26 Abs. 1.	6.
9.	87.	Abs. 2.	94.
10 Abs. 1.	85 Satz 1.	27.	46.
Abs. 2.	86.	28.	48.
11 Abs. 1. Abs. 2.	88 Abs. 1	29. 30.	27 Satz 2. Gestrichen.
Abs. 3.	Gestrichen.	31 Abs. 1 Satz 1, 2.	40 Abs. 1, 41 Satz 1,
12 Abs. 1.	88 Abs. 2.		52 Abs. 2.
Abs. 2.	Gestrichen.	Satz 3.	Gestrichen.
13.	Gestrichen.	Abs. 2.	60.
14.	9.	32.	38.
15.	10.	33.	47.

34.	45 Abs. 2.
35.	26.
36.	25.
37.	Gestrichen.
38.	15.
39.	28.
40.	28 Satz 1.
41.	34.
42.	35.
43.	29.
44.	14.
45 Abs. 1 Satz 1.	Gestrichen.
Satz 2. Abs. 2.	13.
46.	Gestrichen.
47.	Gestrichen. vergl. Anlage I.
48.	17.
49 Abs. 1.	16.
Abs. 2.	17 Satz 1.
Abs. 3.	44.
50 Satz 1.	37.
Satz 2. 51.	Gestrichen.
52.	43.
53.	Gestrichen.
54.	52.
55 Satz 1.	53.
Satz 2.	Gestrichen.
56.	54.
57 Abs. 1.	55 Abs. 1.
Abs. 2.	95.
58.	Gestrichen.
59.	57.
60.	58.
61.	59.
62.	55 Abs. 2.
63 Satz 1.	67.
Satz 2.	Gestrichen.
64 Abs. 1.	65.
Abs. 2, 3.	Gestrichen.
Abs. 4.	67.
65.	Gestrichen.
66.	66.
67 Satz 1.	Gestrichen.
Satz 2.	68 Abs. 1.
68 Abs. 1.	69 Abs. 1.
Abs. 2.	70.
69.	Gestrichen.
70 Abs. 1.	71 Abs. 1.
Abs. 2, 3.	Gestrichen.
71.	73.
72.	Gestrichen.
73.	
Abs. 1, Abs. 2 Satz 1, Halbs. 1, Satz 2.	Gestrichen.
Abs. 2 Satz 1 Halbsatz 2.	74 Abs. 1.
74.	69 Abs. 2.
75.	75.
76 Abs. 1.	76.
Abs. 2.	77.
Abs. 3.	78.
77.	80.
78.	81.
79.	Gestrichen.

Lippert & Co. (G. Pätz'sche Buchdr.), Naumburg a. S.

FSC
www.fsc.org
MIX
Papier | Fördert
gute Waldnutzung
FSC® C083411

Kolibri 360 GmbH
Ferdinand-Jühlke-Straße 7
99095 Erfurt, Deutschland
produktsicherheit@kolibri360.de